定番料理をもっとみがこう

イタリア料理の基本講座

「ラ・ベットラ」落合 務

柴田書店

Cucina Italiana LA BETTOLA da Ochiai

イタリア料理の魅力

はじめに

　イタリアはご存知のように長靴のように細長く、東、西、南を海に囲まれ、アペニン山脈が縦貫しています。このため多様な食材に恵まれていて、その地の食材を生かした地方料理が脈々と受け継がれています。

　またイタリア料理は、フランス料理のもとになった歴史のある料理です。イタリア料理があったからこそ、今のフランス料理があるのです。

　けして大きな国ではないけれど、ヨーロッパ料理の原点であることがイタリア料理の大きな魅力でもあります。そしてリクツじゃなくて何よりおいしい！　これに尽きるでしょう。

　このように素晴らしいイタリア料理の魅力を伝えるためには、基本をきちんと身につけなければなりません。伝統にアレンジを加えた今風の料理をつくるのもいいと思います。でもまずは基本をおさえてから。そのうえで自分のカラーを出せばいいのです。基本がなければはじまりません。

　料理をつづけていると、メニューに悩んだりスランプにおちいることがあります。悩んだときに「基本」という原点に戻ることができれば、またそこから始めることができます。

おいしい料理は「基本」から

　おいしい料理をつくるためには材料の吟味や調味だけでなく、食感、適切な火加減、旨みの凝縮、香りの立たせ方、といった料理人の経験とテクニックがものをいいます。これらの要素がうまくまとまると、とびきりおいしい料理が生まれるのです。

　レシピや手順ももちろん大切ですが、それ以上に大切なのは、今つくろうとしている料理のおいしさのポイントって何なのか、そのおいしさを最大限に出すために何が必要なのか、どのように調理したらいいのかをきちんと身につけることです。つまりこれが「基本」です。

　本書ではイタリアンの定番料理とそのアレンジを99品紹介しました。伝統料理もあるし、日本で人気が出た定番料理も載っています。ですからイタリア料理を目指している方ならば一度くらいはつくったことがあるかもしれません。

　でも、「つくれるよ」のレベルではダメ。いつどこでつくっても毎回おいしくつくれなければいけません。「何度でもすごくおいしくつくれるよ」と自信をもって言えるように、ピカピカにテクニックをみがいてください。

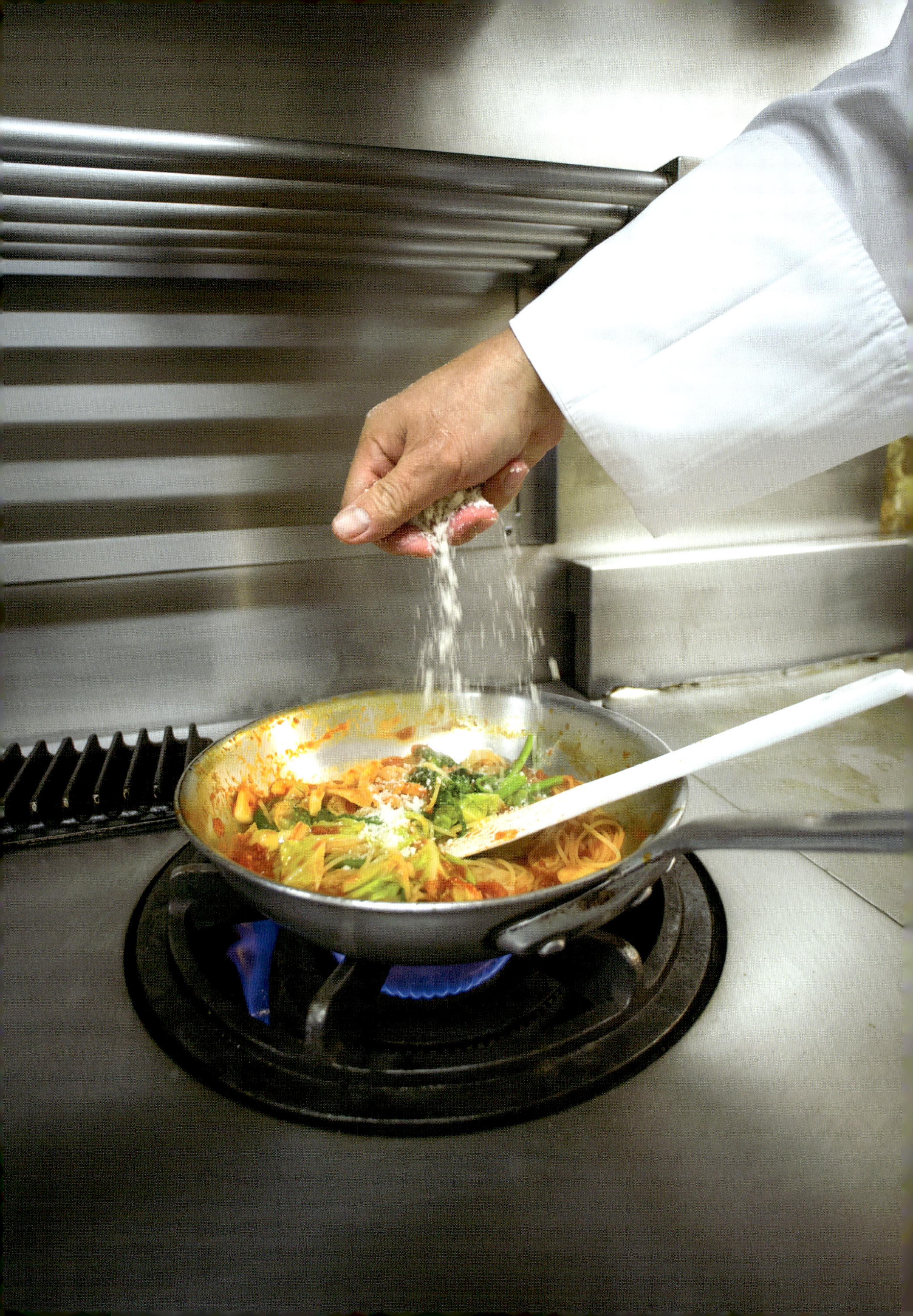

イタリア料理のシェフを目指す君へ

　それから料理以前にとても大切なことがあります。毎日厨房に立つ料理人である以上、大概のことではびくともしない丈夫な身体が必要です。晴れて独立しても、疲れたといってへこたれていたら店をやっていけません。どんな仕事でもへいちゃらさ、と自信がもてるように、しっかり体を鍛えてください！

　もちろん身体だけではなく心も鍛えなければなりません。何があっても折れない心を育むことです。難しいことじゃない。物事をポジティブにとらえればいいのです。つらい状況におかれても、物事をポジティブにとらえることができれば、とても気持ちが楽になります。

　たとえば1000円を持っているとしましょう。「まだ1000円あるぞ」と考えるか、「もう1000円しかない」と考えるかで、同じ1000円でも価値が大きく変わってきます。

　一つの物事は表と裏の両面から見ることができます。裏からばかり見ていたら、そこから先にすすめません。長い修業時代をムダにしないためにも、おかれた状況を嘆くだけでなく、ポジティブにとらえてみてください。

　強くて健康な心と身体、そしておいしくつくれるテクニックが身につけば、あとは愛情と創造力しだい！　おいしい料理がつくれれば、お客さまは幸せ。お客さまが幸せならば私たちも幸せになれます。幸せな気分で厨房に立てば、最高においしい料理がつくれるはずです。

2015年5月
LA BETTOLA da Ochiai
落合　務

イタリア料理の基本講座　目次

はじめに

第1章　イタリア料理のテクニック
1　加熱のテクニック
technique1　火加減のこまめな調節　11
technique2　ニンニクの加熱　12
technique3　ソフリットの加熱　12
technique4　パスタの仕上げ　13
technique5　乳製品と卵のソースの加熱　13
technique6　オムレツは強火　14
technique7　フライパンの重しで均等加熱　14
technique8　効率よく加熱する煮込み用鍋の大きさ　15
technique9　オーブン前加熱　15

2　乳化のテクニック
technique1　非加熱でドレッシング状に乳化　17
technique2　加熱による乳化　18
technique3　パスタソースの乳化　19

3　香りと旨みのテクニック
technique1　バジリコの葉はちぎる　21
technique2　セロリは叩く　21
technique3　キノコは裂く　22
technique4　ニンニクのつぶし方　22
technique5　焼き色は旨みの素　23
technique6　強火で酸味を飛ばして旨みを凝縮　24
technique7　フライパンについた旨み　25

4　ソース・クリーム・ペースト etc.
トマトソース　27
トマトのクリームソース　28
　【バリエーション1】
　【バリエーション2】
プッタネスカソース　29
ケッカソース　30
ジェノヴァ風ペースト　31
　【香草ペースト】
バーニャカウダソース　32
ツナソース　33
ミートソース　34
　【バリエーション】
キノコのペースト　35
焼き汁ソース　36
　【ウズラのロースト】
　【仔羊のロースト】
焼き汁ベースのソース　37
　【ゴルゴンゾーラのソース】
　【トマトのソース】
リゾットのベース　38
チーズパン粉　39
アングレーズソース　39
カスタードクリーム　40
レモンクリーム　41
タルト生地　42

第2章　アンティパスト
●野菜
カポナータ　44
トマトのブルスケッタ　46
トマトのライス詰めグラタン　48
バーニャ・カウダ　50
米ナスのパルマ風グラタン　52
スープリ　54
ポルチーニ茸のサラダ　56
ロシア風小エビ入りポテトサラダ　58
花ズッキーニのフライ　60
前菜盛り合わせ　62

●魚介
マグロとアボカドのサラダ　64
魚のカルパッチョ　66
魚介のサラダ　68
イワシのベッカフィーコ　70
イワシのマリネ　72
　【バリエーション】
タコとセロリのサラダ　74
イカと季節野菜のグリル　76
ムール貝のワイン蒸し　78
魚介のガスパシオ　80

●肉
地鶏の冷製ツナソースかけ　82
地鶏と黒豚のテリーヌ　84

牛肉のカルパッチョ　86
　　【コラム】こんな風に提供したら

●卵
　　温かいオムレツ　88
　　トマトとアスパラガス入り目玉焼き
　　　トリュフ風味　90

●チーズ
　　モッツァレラ・イン・カロッツァ　92

第3章　プリモピアット
●ロングパスタ
　　小柱と野菜入り
　　　ニンニクと赤唐辛子のスパゲティ　94
　　春キャベツと菜の花のスパゲティ　96
　　ボンゴレのスパゲティ　98
　　シシリア風カリフラワーとアンチョビーの
　　　スパゲティ　100
　　ブカティーニのアマトリチャーナ　102
　　スパゲッティ・プッタネスカ　104
　　魚介入りトマトソースのスパゲティ　106
　　サバとナスのトマトソース　108
　　イワシのリングイネ　110
　　焼きピーマンの冷製カペッリーニ　112
　　リングイネのジェノヴェーゼ　114
　　カルボナーラ・スパゲティ　116
　　生ハムとグリーンピース入り
　　　クリーム風味のフェットチーネ　118
　　小エビ入りカレー風味のフェットチーネ　120

●ショートパスタ
　　辛いトマトソースのペンネ　122
　　ミートソースのリガトーニ　124
　　スモークサーモンと生クリームのペンネ　126
　　パスタ・ファジョーリ　128

●ニョッキ
　　じゃがいものニョッキ　130

●詰め物パスタ
　　リコッタチーズのラビオリ　132
　　ラザニア　134

●リゾット
　　カキのリゾット　136
　　そら豆入り
　　　ゴルゴンゾーラチーズのリゾット　138

●スープ
　　野菜のスープ　140

第4章　セコンドピアット
●魚介
　　魚のグリル　トマトのソース　144
　　魚のグリル　ウニのソース　146
　　魚の香草グリル　148
　　真鯛の岩塩包み焼き　150
　　エイのムニエル　ニンニク入りトマトソース　152
　　ナポリ風アンコウのグリル　154
　　魚のジャガイモのせ　オーブン焼き　156
　　手長エビの白ワイン風味　158
　　魚介類のチーズパン粉焼き　160
　　ズッパ・ディ・ペッシェ　162

●肉
　　鶏の悪魔風　164
　　鶏とちりめんキャベツのロースト　166
　　ウズラの田舎風ロースト　168
　　鶏のカッチャトーラ風　170
　　黒豚のグリル　トリュフ風味のキノコソース　172
　　仔牛のカツレツ　174
　　仔牛の薄切りソテー
　　　ゴルゴンゾーラチーズのソース　176
　　仔牛のピッツァイオーラ　178
　　オッソブーコ　180
　　牛ロース肉のタリアータ　182
　　牛肉とセロリのトマト煮　184
　　ローマ風トリッパ　186
　　仔羊のロースト　香草風味　188
　　仔羊のカツレツ　モッツァレラチーズのせ　190

第5章　ドルチェ

●フルーツ
いちじくのコンポート　194
プラムの赤ワイン煮　196
　【バリエーション】
桃のコンポート　198
マチェドニア　200
　【バリエーション】

●ムース
イチゴのムース　202
カプチーノのムース　204
チョコレートのムース　206
マスカルポーネチーズのムース　208

●冷たいデザート
冷たいザバイオーネ　210
モンブラン　212
エスプレッソコーヒーのシャーベット　214
パパイヤのセミフレッド
　セージ風味のアングレーズソース　216
ティラミス　218
パンナコッタ　220
プリン　222
手づくりリコッタチーズ　224
ミルクレープ　226

●タルト
イチゴのタルト　228
リンゴのタルト　230
バナナのタルト　232
プラムのタルト　234
レモンのタルト　236
タルト・ピノラータ　238
リゾットのタルト　240

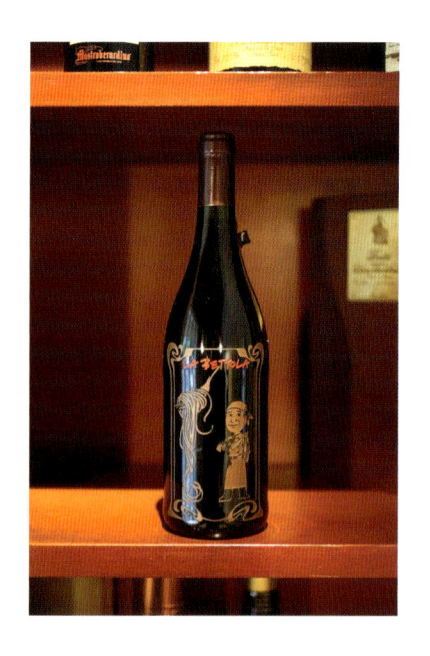

本書を使う前に

材料について
① EXV.オリーブ油は、
　エクストラバージンオリーブ油のこと。
② 砂糖はグラニュー糖を使用。
③ バターは無塩バターを使用。
④ とくにことわりがない場合は、
　すりおろしたパルミジャーノチーズを使用。
⑤ 1カップは200cc、大さじ1は15cc、
　小さじ1は5cc。

デザイン　　茂木隆行
撮影　　　　海老原俊之
編集　　　　佐藤順子
データ修正　高村美千子

第1章 イタリア料理のテクニック

定番料理を極めるためには、
押さえておきたいいくつかのテクニックがある。
これをマスターすれば、
今までと同じレシピとは思えないほど、
とびきりおいしいイタリア料理ができる。
分量や手順も大切。
でもタイミングややり方をちょっと変えるだけで、
ぐんと料理がおいしくなる。

1

加熱のテクニック

technique 1
火加減のこまめな調節

「料理上手は火加減上手」といわれる。調理中は常に鍋の中の状況を見ながら、片手で火加減を調節することは、プロの料理人なら当たり前のこと。

加熱による料理の音や状態、香りをのがさず感じとることはとても大切だ。

もしレシピ通りにつくっても、目指す状態にならない場合は、火力の調節が上手くいっていなかったことが第一の理由として考えられる。

コンロの前に立つと、自然に手が動く。プロならば当然のこと。大量の水分を入れたらすぐに強火、パスタの仕上げはごくごく弱火。こまめな火加減の調節が大事。

ニンニクの加熱 technique 2

イタリア料理の定番食材、ニンニク。さまざまな料理に登場するが、加熱によってニンニクの特徴を引き出すためにはコツがある。

それはたっぷり浸かるくらいのオリーブ油の中に入れて、弱火でじっくり煮るような感覚で火を入れることだ。ニンニクの水分が飛ぶと同時に、香りや旨みがオリーブ油にきっちり移る。最後はすっかり水分が抜けて、ニンニクはほっこりした状態に。音を聞いていると水分の変化がわかるはず。

つぶしたニンニクとオリーブ油をフライパンに入れて、完全にニンニクが浸かるように鍋を傾ける。

弱火で加熱する。最初は「ポコポコ」、次第に「クチュクチュ」。これこそニンニクの水分が出てきた音。気泡の大きさや数も変化してくる。

気泡が出なくなって、音もおさまり、キツネ色に色づいた。この状態が「ほっこり」。

ソフリットの加熱 technique 3

みじん切りの香味野菜（玉ネギ、ニンジン、セロリ）を油で煮るような感覚で「クツクツ」とじっくり加熱する。これも先のニンニクと同じ原理。水分が抜けて、旨みと甘みがしっかりと凝縮されて、料理の旨みの素となる。

みじん切りの香味野菜をたっぷりの油で煮る感覚でじっくり加熱。

香味野菜は小角切りで用いることもある。オリーブ油でじっくり炒めるが、かなり時間がかかるので、ほかの作業と並行して行なう。

technique 4 パスタの仕上げ

パスタ料理の仕上げはタイミングが命。ソースの仕上げとパスタのゆで上げの時間を合わせ、一気に仕上げてすぐに提供。

つくる分量は多くても2人分まで。これ以上になると、仕上げや盛りつけに時間がかかるため、せっかくの味わいが変わってしまう。

ソースとパスタを合わせるときは、鍋の余熱、あるいはごく弱火で。これ以上パスタに火が入ったら「焼きスパ」になってしまう。「チリチリ」音がしてくるようでは、高温すぎる。

ソースのでき上がり。  → ゆでたパスタを加える。  → ごくごく弱火で加熱。火を止めて余熱だけでも充分。「チリチリ」音を立ててはダメ。  → すぐに盛りつけて提供。

technique 5 乳製品と卵のソースの加熱

生クリームなどの乳製品を加えると、こげやすくなるので必ず火を弱める。火加減には充分注意。フライパンの周囲はこげやすいので、ときおりヘラで鍋肌をこすって落としながら混ぜること。

また卵は温度が上がると凝固する性質があるため、カルボナーラのように卵液をからめるパスタソースは、必ず火を止めてからパスタと合わせる必要がある。

生クリームを加えたら、沸騰しないように火を弱めること。フライパンの周囲がとくにこげやすいので、ヘラで落としながら加熱する。

卵液をフライパンに加えるときは、必ず火を止める。熱いと卵がすぐに固まってしまう。それでも熱すぎるようならば、フライパンの底にぬれたフキンを当てるとよい。

オムレツは強火

technique 6

オムレツを香ばしく、「ふっくら」と焼き上げるベストな火加減は強火だ。

オムレツを焼くときは、多めの油を熱く加熱しておくことが決め手となる。多めに入れておかないとフライパンにくっついてしまうからだ。また油は卵の中に混ぜ込むと「ふっくら」と焼き上がるので、卵液を流し入れたらすぐに全体をかき混ぜて半熟状態をつくること。

油は多めに使うこと。

玉ネギがこげる寸前まで熱くなったら、卵液を流し入れる。

すぐに全体をかき混ぜて油を混ぜ込んでふっくら仕上げる。

フライパンの重しで均等加熱

technique 7

肉や魚をフライパンで焼くさい、厚さが均等であれば、早く上手に焼き上がる。そこで、適度な重しをのせることをおすすめする。皮つきの魚などは、皮が縮んで身がそり返りやすいので、見た目も悪く、加熱が不均一になるので、重しがとても有効だ。また重しをすると肉や魚の表面の皮を均等にパリッと焼き上げることもできる。

普通はヘラなどで肉や魚を押さえながら焼くのだが、重しならば、手が離せて手間が省けるので一石二鳥。

何で重しをかけてもよいが、厨房ならば手近なフライパンを重ねて用いるといいだろう。

重しは重ねたフライパン。肉や魚の上に焼き皿などをかぶせて平らに安定させて、その上に重しをのせること。

technique 8
効率よく加熱する煮込み用鍋の大きさ

　煮込みを上手につくるには、適した大きさの鍋選びが大事。肉などが重ならず、ちょうどぴったり入る直径の鍋を選ばなければならない。

　鍋が小さすぎると肉が重なって加熱が均等にできないし、煮くずれするおそれもある。一方大きすぎると煮汁がたくさん必要になるし、味もぼける。適切な大きさの鍋で煮込むと煮汁にも旨みがうまくのってくる。

肉の大きさと分量に合った鍋を使おう。煮ているときに肉が必要以上に動かないほうがいい。

魚は煮くずれしやすいので、一面に並べられる大きさの鍋を選ぶ。

technique 9
オーブン前加熱

　オーブン焼きにする料理は、オーブンを事前に温めておいても、冷たい器に盛って入れると、器が温まるまでにかなり時間がかかってしまう。これを短縮するには、庫内に入れる前にコンロの直火にかけて加熱しておくとよい。火の使い方一つで提供までのスピードアップができる。

　当然器は直火にかけられる耐熱性があり、保温性のある材質を選ぶ。周りが「グツグツ」沸いてきたら、オーブンに移して焼き上げよう。

器の周りが熱くなって「グツグツ」し始めたら、すぐに予熱しておいたオーブンに移す。

2

乳化のテクニック

technique 1
非加熱でドレッシング状に乳化

味つけしたトマトからはジュースがすでに出ている。ここにオリーブ油を加える。

ボウルを大きく回してダイナミックに混ぜて、乳化状態をつくる。

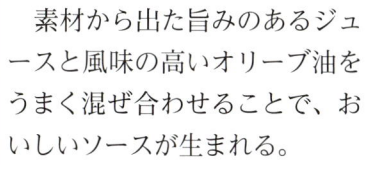

素材から出た旨みのあるジュースと風味の高いオリーブ油をうまく混ぜ合わせることで、おいしいソースが生まれる。

両者がうまく混ざらないと、それぞれの水っぽさや油っぽさが前面に出てしまうため、素材の旨みを感じさせることができなくなってしまう。

本質的には混ざりにくい水と油なので、充分にかき混ぜないと、なめらかな乳化状態にならない。

乳化したソースは「ドローッ」「トローリ」としたドレッシング状になる。すぐに分離するので、そのつど混ぜて使う。

加熱による乳化

technique 2

　煮詰めたワインや素材から出てきたジュースをベースにソースをつくるときにむずかしいのは、水分の煮詰め加減だ。「シャバシャバ」ではコクが出ないし、かといって煮詰めすぎるとなめらかなソースにならない。
　そして煮詰めたところにバターやオリーブ油などの油脂を混ぜ込んで、「トロリ」とするまで混ぜながら、さらに水分を適度に煮詰めて仕上げていくが、このときの煮詰め加減も乳化のポイントとなる。

ワインや素材から出たジュースを火にかけて、フライパンを大きく動かしながら煮詰めていく。調味後、バターなどの油脂分を加えて溶かし込んで、「トロリ」とするまで煮詰める。

貝の蒸し汁の中にオリーブ油を充分によく混ぜて、全体が白濁して粘りのある「トロリ」とした状態に乳化させる。

パスタソースの乳化

technique 3

オリーブ油の中にパスタのゆで汁を加えて、フライパンを回しながら乳化させる。乳化は火を止めるか、ごくごく弱火で行なう。

パンチェッタから出てきた脂に、ホールトマトを加えて全体がなじんで「トロッ」とするまで弱火で3〜4分間煮て乳化させる。

煮詰めすぎの失敗例。具の輪郭が出てきたり、表面に脂が浮いてしまう。

アサリのジュースを適度に煮詰めて、オリーブ油を加えて混ぜて乳化。白っぽくなって「ドローリ」としている。

　オリーブ油の中にパスタのゆで汁やトマトなどの水分を加えて乳化させる方法と、煮詰めたジュースにオリーブ油や生クリームなどの油脂類を混ぜ込んで乳化させる方法がある。
　いずれにしてもフライパンを大きく回して、水分と油脂分を混ぜ合わせて、「トローリ」としたソースをつくって、パスタをからめて仕上げよう。

3

香りと旨みのテクニック

バジリコの葉はちぎる

technique 1

バジリコは本質的にナイフの金気が苦手。ナイフで切ると切り口がすぐに黒ずんでくるし、香りもあまり立たない。

ちぎり方はその料理に合わせるのだが、あまり細かくちぎってしまうと香りが飛びやすいので、大きめのほうがいいだろう。大きくちぎれば、かむとさらに香りが口の中に広がる。いずれにしても使用する直前にちぎることが大前提。

バジリコはとくに金気を嫌う。大きめに手でちぎる。

セロリは叩く

technique 2

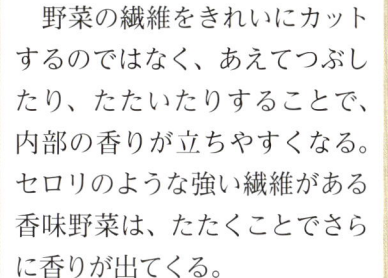

野菜の繊維をきれいにカットするのではなく、あえてつぶしたり、たたいたりすることで、内部の香りが立ちやすくなる。セロリのような強い繊維がある香味野菜は、たたくことでさらに香りが出てくる。

セロリをソフリットなどに使うときも、つぶしてから切ると香りも旨みも出やすくなる。

ナイフの腹などでたたいて、セロリの繊維をつぶす。使用直前に行なうこと。

technique 3
キノコは裂く

繊維に沿って手で裂く。マッシュルームのような丸い傘のキノコは手でギュッと握って細かく割る。

キノコ類はバジリコ同様、ナイフの金気を嫌うので、手でほぐしたり、繊維に沿って手で裂いて使う。ナイフできれいに切るよりも、裂いたほうが香りが出るし、味がなじみやすくなる。

technique 4
ニンニクのつぶし方

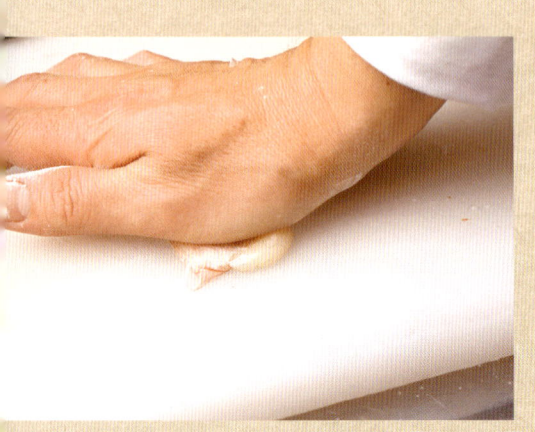

皮ごとつぶすと、皮が簡単にむけるので、手間が省ける。使用するときに用意する。

ニンニクは皮つきのまま丸ごとつぶせば、皮もむけるので一石二鳥。手のひらに体重をのせてつぶすか、ナイフの腹でつぶしてもよい。

ニンニクをつぶすと中の繊維がこわれて強い香りが出てくる。つぶしたら丸のまま使ってもよいし、みじん切りにしてもよいが、ナイフの金気がニンニクに移って雑味として残ってしまうので、極力細かくつぶしておくとよい。

technique 5 焼き色は旨みの素

　私は料理にだしを使うことはほとんどない。素材自身から出てくる旨みをうまく料理に引き出せば、だしの必要はあまりないからだ。

　たとえば肉の煮込み料理ならば、煮込みに入る前に、必ず肉の全面をこんがりと焼きつける。この焼き色が料理全体の味と色、香りの素となって、ぐっとおいしくなってくる。

　このとき、鍋の中に油が多すぎると焼き色がつきにくいので、多ければ捨てること。また「こがす」のと「焼き色をつける」のは似て非なるもの。こがしたらすべて台無しになるので注意したい。

挽き肉でつくるミートソースも同じこと。挽き肉をくずさずに塊のまま焼き色をつける。肉は煮込んでいるうちにほぐれてくるので心配は無用。

肉を入れたらいじらない。じっと焼き色がつくのを待つ。

こげる寸前が裏返すタイミング。

すべての肉の両面に同じようにおいしそうな焼き色をつける。これが煮込み料理の旨みの素となる。

technique 6
強火で酸味を飛ばして旨みを凝縮

煮込み料理やグリル料理では、旨みを加えるためにワインを加えることが多いが、ワインを注ぎ入れたあとは強火で一気にワインの水気を飛ばして、きっちりと煮詰めることが大事なポイントとなる。

煮詰め方が甘いと、最終的にワインの酸味が残ってしまう。また水分が多いと水っぽくなるため、本来の凝縮された旨みが薄まって、もの足りない味に仕上がってしまう。ここできっちり水分を飛ばしておこう。

鍋底にほとんど水分がなくなるまで煮詰める。肉汁と油分だけが残ると「プチプチ」とはぜるような音がしてくる。

野菜も同様。鍋の内側や野菜の表面にほんのり焼き色がつく程度までしっかり水分を飛ばして旨みを凝縮。

グリル料理の煮詰め方

グリル料理では、しっかり焼き色がついたらワインを回し入れ、強火にしてアルコールと水分を飛ばす。

しばらく煮詰めて水分をきっちり飛ばす。「プチプチ」とはぜる音が水分が飛んだ目安。

煮込み料理の煮詰め方

肉に焼き色をつけたら強火にしてワインを加える。

強火でワインを煮詰める。

しっかりワインの水分を煮詰めて酸味を飛ばす。「ピチピチ」という音が目安。最後に残った油と水分がせめぎあっている音。「シャビシャビ」「クチュクチュ」ではまだダメ。

旨みが「ギュッ」と凝縮したら、いよいよ水やホールトマトを加えて煮込む。

technique 7 フライパンについた旨み

肉や魚を焼いたあとに残った肉汁には、旨みがたっぷり含まれている。これらは捨ててはダメ。余分な水分を煮詰めて、もれなくソースに生かしていこう。

フライパンに残った魚介の焼き汁。途中で加えたワインなどの水分は煮詰めてきっちり飛ばしておく。

しっかり旨みを凝縮したら、生クリームなどを加えてとろみをつける。

肉を焼いたあとのフライパンに調味料を加えて強火で水分と酸味をしっかり飛ばす。

弱火にしてオリーブ油を少しずつ流し入れて乳化させる。

取り出した肉から出た肉汁も残さず加える。

肉の旨みをたっぷりと含んだソースが完成。

4

ソース・クリーム・ペースト etc.

トマトソース

トマトソースは時間をかけて大量に煮込むと深い味わいが生まれる。
しかし、短時間で仕込んでもおいしくつくれる方法があるので紹介しよう。
営業中に足りなくなって、すぐに必要な場合などにも役に立つ。

材料
玉ネギ（みじん切り）…½個
セロリ（みじん切り）…1本
オリーブ油　50cc
ホールトマト（汁ごとつぶす）…1.5リットル
塩　適量

❶ 玉ネギとセロリをみじん切りにして、オリーブ油で炒める。

❷ 香りが出て、周囲が色づいてきたら、ホールトマトを加える。

❸ 20分間ほど煮て、塩で味を調える。

❹ なめらかに仕上げたいときは裏漉しする。

トマトのクリームソース

トマトソースを裏漉しして、バターと小麦粉でとろみをつけて、
生クリームで仕上げたトマトソースのアレンジソース。
バジリコペーストやリキュールなどをプラスするとバリエーションがもっと広がる。

材料
トマトソース（裏漉し前）…300cc
無塩バター…20g
強力粉…小さじ1
生クリーム…40〜50cc
塩、コショウ…各適量

❶ ボウルにバターと強力粉を入れて練り合わせる。ソースのとろみつけ用。

❷ 裏漉ししたトマトソースを温めて、少し煮詰めて水分を飛ばす。①のボウルに少量加えてなめらかに混ぜ合わせてから、トマトソースの中に戻して混ぜる。

❸ とろみがついてきたら、生クリームを少しずつ加えて混ぜ合わせる。調味は塩とコショウ。

[バリエーション1]
トマトのクリームソース + バジリコペースト

ソースの上にバジリコペーストと半分に煮詰めたバルサミコ酢をたらす。

[バリエーション2]
トマトのクリームソース + リキュール + 具材

エビなどの具材をソースに加えて軽く火を通して、サンブーカなどのリキュールを加えて風味をつけてソースをアレンジ。

プッタネスカソース

ホールトマトベースにオリーブとケッパーとアンチョビーを加える伝統的なソース。
ピッツァやパスタ、各種料理のソースに使うことができる利用範囲の広いソースだ。
なおイタリアンパセリのかわりに、オレガノやローズマリー、タイムなども合う。
赤唐辛子を入れることもある。

材料

ニンニク…1片
オリーブ油…20cc
オリーブ（粗みじん切り）＊…15g
ケッパー（粗みじん切り）…10g
アンチョビー…10g
イタリアンパセリ（粗みじん切り）…少量
ホールトマト（汁ごとつぶす）…200cc
塩…適量

＊つぶして種を除いてから粗みじん切りにする。

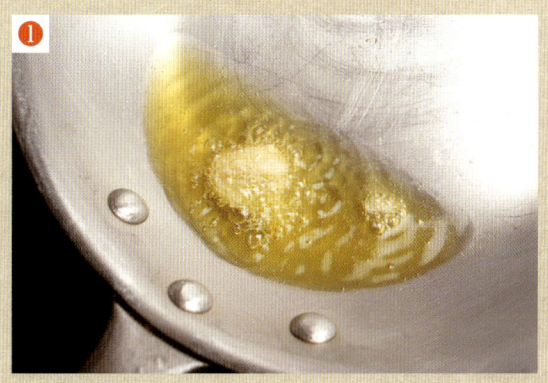

❶ つぶしたニンニクをオリーブ油に浸かる状態で弱火で加熱する。

❷ ニンニクに火が通ったら、さらに火を弱めてオリーブ、ケッパー、アンチョビーを入れてイタリアンパセリを加え、全体を混ぜ合わせる。

❸ 火を強くしてから、ホールトマトを加えてしばらく煮詰める。

❹ しばらく煮詰めたら、オリーブ油（分量外）を加えてフライパンを大きく回し、よく混ぜて乳化させる。塩適量で味を調える。

ケッカソース

角切りのフレッシュトマトにちぎったバジリコを混ぜ、オリーブ油と塩、コショウで調味してマリネした火を入れないソースで、ブルスケッタの上にのせたり、パスタを和えたりする。ソース兼つけ合わせとして、グリルした肉や魚にかけてもよい。
トマトのフレッシュな果汁の甘みがポイント。
おいしくつくるコツは、トマトから出てくる果汁とオリーブ油を「トロリ」と乳化させること。しっかりと混ぜよう。

材料
トマト（角切り）…2個
ニンニク（粗みじん切り）…½片
バジリコの葉…2枚
EXV.オリーブ油…20cc
ホールトマト（汁ごとつぶす）…少量
塩、コショウ、砂糖…各適量

❶ 湯むきしたトマトを横半分に切って種を取り除く。これを角切りにしてボウルに入れておく。角切りの大きさは、使う用途に合わせる。

❷ ニンニクはこの程度の粗みじん切りにしてボウルに入れる。金気を嫌うのでナイフをなるべく入れないように。

❸ バジリコの葉も金気を嫌うので、手でちぎってボウルに入れる。塩、コショウで味を調える。

❹ トマトの味がもの足りないときは、ホールトマトや砂糖などを少量加えるとよい。EXV.オリーブ油を加えて、ボウルを回しながらよく混ぜて乳化させる。

❺ 油と水分がなじんで、「トローッ」と白濁した状態にする。

ジェノヴァ風ペースト

摘みたてのバジリコをオリーブ油と松の実、パルミジャーノチーズとともにすり混ぜた
コクのある香り高いペースト。もともとは大理石のすり鉢ですりつぶしていたが、
現代ではフードプロセッサーを使用して簡単につくれるようになった。
パスタを和えるのがポピュラーな使い方だが、
野菜を和えたり、焼いた肉や魚のソースにも使えるので、大変重宝する。
使うたびにつくると、香りが格段によいが、まとめて密封して冷蔵庫あるいは冷凍庫で保存すれば、
数ヵ月は保存が可能。空気にふれると変色するので注意。

材料

バジリコ…50g　　パルミジャーノチーズ…30g
松の実…70g　　　塩…小さじ½
ニンニク…½片　　EXV. オリーブ油…50cc

❶ フードプロセッサーに松の実と皮をむいたニンニク、パルミジャーノチーズ、塩を入れて、オリーブ油の半量を加える。

❷ バジリコの葉を入れて撹拌する。最初は回りづらいので、残したオリーブ油を何回かに分けて加えながら回す。

❸ この程度に粒を残したペースト状になったらでき上がり。

香草ペースト

フレッシュの各種香草をオリーブ油とともにフードプロセッサーにかけて塩で調味したもの。松の実やニンニクは加えない。
バジリコなど単一の香草でつくってもいいし、いくつかをブレンドしてもよい。肉や魚のマリネに加えたり、アクセントとしてソースにたらして香りを生かしてもよい。
なおつくり方はジェノヴァ風ペーストに準ずる。

長持ちするので、まとめてつくっておけば幅広く使える。

バーニャカウダソース

生野菜を食べる料理バーニャカウダのソースは、パンにかけたり、パスタを和えたり、グリルした肉や魚にかけたりできる利用範囲の広いソース。
牛乳でニンニクをゆでて香りを和らげ、アンチョビーで旨みをつけて、オリーブ油でまろやかにまとめた。
長期保存ができるので、まとめて仕込んでおける。
保存のさいはきちんと沸かして仕上げること。

材料
ニンニク…3株（25〜30片、約150g）
牛乳…適量
アンチョビー…40g
EXV.オリーブ油…200cc

❶ ニンニクの皮をむいて、たっぷりの牛乳とともに鍋に入れる。強火にかけて、沸騰したら弱火にし、完全に柔らかくなるまで煮る。15〜20分間かかる。

❷ 串が「スッ」と通るくらい柔らかくなったらザルにあけて牛乳を捨て、水気をきる。

❸ まな板の上に取り出して、ナイフの腹でニンニクをすりつぶす。フォークやスプーンなどで押しつぶしてもよい。

❹ ペースト状になったらアンチョビーを加える。ナイフでたたくようにして、ニンニクと混ぜ合わせる。缶の油も風味があるので、一緒に混ぜる。

❺ 鍋に移し入れて、EXV.オリーブ油を加える。浸るくらいが分量の目安。

❻ 火にかけて「クツクツ」と沸いてくるまで温めたらでき上がり。保存する場合は、冷ましてから冷蔵庫に入れる。

ツナソース

ツナの油漬けの缶詰を使ったソース。トンナートソースともいわれる。ゆでた（もちろん焼いてもよい）仔牛肉、鶏肉、豚肉などの肉類や野菜にかけたり、ジャガイモを和えてポテトサラダにも使える。多めに仕込んで保存しておくと便利。

材料

- ツナ（缶詰）…225g
- 玉ネギ（粗みじん切り）…½個
- オリーブ油（またはサラダ油）…50cc
- ケッパー（粗みじん切り）…30g
- 白ワイン…300cc
- アンチョビー…1枚
- マヨネーズ…150cc
- 生クリーム、塩、コショウ…各少量

❶ 玉ネギをオリーブ油で炒める。弱火で色をつけないように注意。しんなりしたらケッパーを入れてさらに炒める。

❷ アンチョビーとツナを加えて粗くつぶす（缶の汁も入れる）。

❸ 木ベラでツナを粗くつぶしてから、白ワインを加える。ツナ全体が浸かるように分量を加減し、弱火で煮詰める。

❹ この程度まで煮詰めたらムーランで裏漉しする。マヨネーズを混ぜ、生クリーム、塩、コショウで味を調える。

［バリエーション］
ゆで野菜＋ゆで鶏＋ツナソース

ツナソースをまとめて仕込んでおけば、アレンジも自在。鶏胸肉とゆでた野菜をたっぷり合わせれば、ボリュームのあるサラダになる。ツナソースにはタバスコを少量加えると、味にアクセントをつけることができる。

ミートソース

パスタソースの定番だが、ラザニアにも欠かせない。
煮込んでつくるので、煮込みの基本にのっとって、しっかりと挽き肉に焼き色をつけ、
ワインをしっかりと煮詰めることがポイントだ。
牛挽き肉が基本だが、合挽き肉でもよい。粗く挽けば肉の食感が楽しめる。

材料

牛挽き肉＊…2kg
玉ネギ（みじん切り）…300g
ニンジン（みじん切り）…150g
セロリ（みじん切り）＊＊…150g
オリーブ油…100cc
赤ワイン＊＊＊…500cc
ホールトマト（汁ごとつぶす）
　　…2リットル
ローリエ…1枚
塩、黒コショウ…各適量

＊挽き肉は合挽き肉でもよい。やや粗めに挽いておくと、肉の食感がより楽しめるソースとなる。肉に10gの塩と黒コショウをふって下味をつけておく。
＊＊セロリはナイフでたたいて繊維をつぶしてから切ると香りがよく立つ。
＊＊＊ワインは赤が定番だが、白を使ってもよい。

❶ 香味野菜をオリーブ油でじっくりと炒める。最初は油で揚げるようにして水分を抜いて旨みを凝縮させる。

❷ 野菜が色づいてきたら牛挽き肉を入れる。肉は混ぜないで軽くほぐして広げる。

❸ こうばしい香りがして焼き色がついたら木ベラで肉をこそげるように裏返す。何度か裏返して全体を焼き上げる。自然に肉がほぐれてくる。

❹ しっかり焼いて、油分も水分もほとんどなくなったら赤ワインを一気に回し入れる。「シュワーッ」という音がして湯気が立ったら、肉がしっかり焼けている証拠。

❺ 強火でワインをしっかりと煮詰めて、旨みを肉に移す。水分がなくなって、残った油分が「ピチピチ」とはねるような音にかわる。ローリエを加える。

❻ 水分がきっちりと飛んだらホールトマトを加える。沸騰するまで強火、あとは弱めの中火で30〜40分間煮込む。

❼ 水分が煮詰まって全体が「トロリ」としたらでき上がり。塩、黒コショウで味を調え、一晩ねかせて味をなじませる。

キノコのペースト

素となるペーストがあれば、短時間でソースができ上がる。
焼いた肉や魚の肉汁やパスタのゆで汁にペーストを加えてソースを仕上げる。
ペーストは香りが飛びやすいので、長期間の保存は避けたほうがいいが、
ある程度まとめて仕込めばいろいろな料理に使える。
キノコは単一の種類ではなく、数種類を混ぜて使ったほうが格段においしい。

材料
各種キノコ（4～5種）…各1パック
ニンニク…1片
オリーブ油…50cc
塩…適量

❶ つぶして皮をむいたニンニクをオリーブ油で温めて、芯まで「ほっこり」するまでじっくり加熱する。ここに手で裂いた4～5種のキノコを加えて、すぐに塩少量をふる。

❷ 水分が出るように、弱火でじっくり加熱する。

❸ 汁ごとフードプロセッサーにかけて、ペースト状になるまで回す。キノコの粒が残るくらいのほうがキノコらしさを感じさせることができるし、歯応えもよい。

焼き汁ソース

肉や魚介を焼いたときに鍋に残った旨みのある焼き汁に
バターでとろみをつけたシンプルなソースを紹介する。
その肉や魚にぴったり合うことは間違いない。
焼き汁とバターをうまく乳化させるのがこのソースのポイント。
煮詰まりすぎた場合は、水少量を加えてのばすとよい。

ウズラのロースト

① フライパンで肉に焼き色をつける。肉を取り出すと、鍋には焼き汁が残る。残った焼き汁に白ワインを加えて混ぜて煮詰める。

② 別のフライパンで野菜などのつけ合せを炒め、①の焼き汁を注ぎ入れる。しばらく煮込んで「グツグツ」したらつけ合せを取り出す。

③ フライパンに残った焼き汁にバター少量を加える。フライパンを大きく回してバターを溶かしながら焼き汁に混ぜ込む。

仔羊のロースト

① フライパンで香ばしい焼き色をつける。このままオーブンに入れて加熱する。

② オーブンから取り出して白ワインを加え、強火でアルコール分を飛ばしたら、肉を取り出す。

③ フライパンに残った肉汁に塩、コショウで味をつける。強力粉とバターを練ったものをとろみづけに加えて、フライパンを大きく回しながら、ゆっくり溶かし込む。

焼き汁ベースのソース

フライパンで焼いた肉や魚の旨みをそのままソースに生かす。
ゴルゴンゾーラを加えたり、生クリームを加えたり、トマトを加えたりしてソースを仕上げる。
フォンなどをとらなくても、
しっかり焼き色をつけた肉や魚介の旨みで充分おいしいソースができる。

ゴルゴンゾーラのソース

① 肉を焼き、ワインを回し入れて強火で水分をしっかりと飛ばして旨みを凝縮させる。

② 弱火にし、生クリームとゴルゴンゾーラを加えてソースを仕上げる。

トマトのソース

① ムニエルにこうばしい焼き色をつけたら、ワインを回し入れて、強火で水分をしっかりと飛ばす。

② ムニエルを取り出して、あいた①のフライパンにニンニクのみじん切りを入れて加熱。

③ ニンニクの香りが出たら、トマトソースを加えてしばらく煮詰めて調味し、バターを溶かし込んでコクととろみをつけてソースを仕上げる。

リゾットのベース

米からリゾットを炊くと時間がかかってしまうので、途中までまとめて仕込んで冷蔵保存しておく。これがあらゆるリゾットのベースとなる。
このベースがあれば、ここから仕上げまでは短時間ですむので、リゾットをメニューに組み込みやすくなる。

材料
玉ネギ（くし形切り）…¼個
オリーブ油…30cc
無塩バター…30g
米…1kg
水…適量

❶ 鍋に玉ネギ（バラけないように根元をつけておく）とバター、オリーブ油を入れて弱火にかける。玉ネギを転がして香りを出しながら、油が少し色づいてくるまで加熱する。

❷ 米を洗わずに一気に鍋に入れる。鍋をふってまんべんなく油と熱を米にいきわたらせる。
※米粒は割れやすいので、木ベラは使わないこと。

❸ 米粒が油を吸って熱くなり、表面が均等に白っぽくなったら、強火にして水を注ぎ入れる。米の上1cm程度になるように、水分量を調節する。

❹ 沸騰してきたら、一度軽く全体を混ぜ合わせ、蓋をして180℃のオーブンに入れる。

❺ 水分がなくなるまで、約7分間加熱する。

❻ 手早く大きなバットに移して薄く広げて冷ます。余熱で火が入るので、すぐに冷ますのが肝心。完全に冷めたら密封容器に移して、冷蔵庫で保存する。
※数日間は保存が可能だが、徐々に味が落ちてくるので、できるだけ早めに使い切る。

チーズパン粉

魚介類や肉類などにぬって焼く。
利用範囲が広いので、まとめてつくって密閉容器に入れて冷蔵保存しておくと便利。
パン粉とパルミジャーノチーズの割合は3対1。

材料
パン粉…180cc
パルミジャーノチーズ…60cc
オリーブ油…360〜540cc

材料をすべて混ぜ合わせておく。これだけをぬって焼いてもよいが、ジェノヴァ風ペーストなどと混ぜてもよい。オーブンで焼くと、パン粉の「カリッ」とした食感が楽しめる。

アングレーズソース

アングレーズは牛乳と卵黄と砂糖でつくる代表的なデザートソース。
フルーツや各種生菓子などに添えて提供する。
こげやすいので、加熱のさいは絶えずかき混ぜること。
また加熱しすぎると口当たりが悪くなるので、湯煎で柔らかく火を入れる。
セージやローズマリー、ミントなどの香草を入れて火にかけた牛乳を使えば、
香草の香りのソースができる。

材料
卵黄…2個分
砂糖…60g
牛乳…270cc

❶ ボウルに卵黄と砂糖を入れてゴムベラで混ぜ合わせる。混ざったら泡立て器に持ちかえて、さらにすり混ぜる。

❷ 大きめの鍋に湯を沸かして、安定するように底にタオルなどを敷いて①のボウルを入れる。湯煎状態にしてさらに混ぜる。

❸ ②の全体が白っぽくなってきたら、50〜60℃に熱した牛乳を少量ずつ加えて、そのつどよく混ぜ合わせる。牛乳を全量加えたら、泡立て器で混ぜながら加熱する。とろみが出たら氷水に当てて急冷する。

カスタードクリーム

「菓子屋のクリーム（クレームパティシエール）」といわれるように、菓子全般に使われるクリームで、本書ではタルトなどに使っている。
ダマのないなめらかさが求められるので、加熱のさいは弱火で混ぜながら仕上げる。
また冷たい牛乳を何回かに分けて加えるとダマになりにくい。

材料

卵黄…3個分
砂糖…100〜125g
薄力粉…20g
牛乳…500cc
バニラエッセンス*…少量

*エッセンスのかわりにバニラスティックを使う場合は、切り目を入れて牛乳に加えて沸騰させ、冷ましてから使う。

❶ 鍋に砂糖と卵黄を加えてゴムベラで混ぜ合わせる。

❷ ここに薄力粉を加えて、軽く混ぜ合わせる。混ぜすぎると粘り気が出て口溶けが悪くなるので注意。

❸ 冷たい牛乳を50ccほど加えて混ぜる。

❹ 弱火にかけて、鍋底にこげつかないようにこすりながら絶えず混ぜる。

❺ 再度火からおろして牛乳を少量加えて混ぜたら、火にかける。これを繰り返して牛乳をすべて加える。途中で泡立て器に持ちかえる。

❻ なめらかになり、「プツプツ」と煮立ってきたらでき上がり。火からおろして、バニラエッセンスを加える。すぐにバットに広げて、乾燥しないようにラップをぴったりかけて冷ます。

レモンクリーム

レモンの酸味が特徴。
粉類を加えないで卵でとろみをつける。
おもにタルトに使われるクリームで、焼き上げたタルト生地に詰めて仕上げる。

材料
レモン汁…小3個分（約100cc）
砂糖…150g
無塩バター（小角切り）…100g
全卵…3個

❶ 鍋にレモン汁を搾り入れ、砂糖を入れる。弱火にかけて、砂糖を溶かす。

❷ 完全に砂糖が溶けたら、バターを加えてそのままゆっくりと溶かして加熱する。

❸ ボウルに卵を落として、泡立て器でよく溶きほぐす。

❹ ②が沸騰したら、火をさらに弱め、③の卵を少しずつ加える。卵が固まらないように、絶えず混ぜる。

❺ 卵を全量加えたあとも混ぜ続ける。温度の高い鍋底と内側がムラになりやすいので入念に。次第に表面の気泡が消えて、濃度がついてくる。

❻ 鍋底から「プツプツ」と沸いてきたらでき上がり。

タルト生地

タルト生地はバターが溶け出さないように、短時間で仕込むのが原則。
失敗を防ぐためにも、温度変化の少ない大理石の上で行なうのが望ましいが、
なければ大きくてきれいなまな板を使うといいだろう。
タルトには生地の中にクリームなどのアパレイユを入れて焼き上げるタイプと、
生地を空焼きしてから中にアパレイユを詰めるタイプがあるが、いずれも生地のレシピは共通。

材料　直径22cmのタルト型約4台分
薄力粉…500g
砂糖…150g
無塩バター（小角切り）…400g
卵黄…2個分

❶ 薄力粉と砂糖を台の上にあけ、手で均等に混ぜ合わせる。山形にまとめて、バターを中央におく。

❷ ナイフでバターを細かく刻みながら、粉をまぶしていく。

❸ さらに両手ですり混ぜて、バターを細かい粒状にして、均等に粉の中に混ぜ込んでいく。手の熱でバターが溶けやすいので、ここからは手早く作業を進める。

❹ 均等に「ポロポロ」とした状態になったら、丸くまとめ、中央に卵黄をおく。

❺ 卵黄を混ぜ込んでいく。練る作業とは違うので、手に力を入れないこと。卵黄を全体に分散させるイメージで。

❻ 生地が一つにまとまったら、ラップで包み、冷蔵庫に入れる。ここでバターを冷やすとともに生地を休ませる。この時点で4等分しておくと使うときに便利。

＊使用時は麺棒で薄くのばして、タルト型に敷き込む。底面がふくらまないようにフォークなどで空気穴を空けてから焼く。

第2章

アンティパスト

「アンティパスト」はイタリア語で前菜のこと。
素材はいろいろ。
野菜、魚介、肉、チーズ、卵の順に紹介する。
それぞれ冷たい前菜と温かい前菜を用意。
一番最初に出す料理なので、
仕込みおきができるものを何種類か用意しておきたいもの。

antipasto

カポナータ

Caponata カポナータ

野菜のトマト煮としておなじみのカポナータ。
温かいままでもよいが、冷たくすれば暑い時期にぴったりの冷たい前菜となる。
前菜の盛り合わせの一品として、あるいは具沢山のパスタソースとしても利用できる
応用性の高い料理なので、常備しておくと重宝する。野菜とトマトソースを一緒に煮込んで
柔らかく仕上げる方法もあるが、野菜ごとの味わいや食感を残したいので、野菜は1種ずつ下揚げして、
トマトソースは別に煮詰めて最後に和えるレシピを紹介する。

材料　2人分

玉ネギ（粗みじん切り）…¼個
セロリ（つぶして粗みじん切り）
　…½本
オリーブ油…50cc
ホールトマト（汁ごとつぶす）
　…600cc
塩、コショウ…各適量
バジリコ…1枝分
ナス（2cm角）＊…2本
ズッキーニ（2cm角）…2本
赤パプリカ（2cm角）…1個
マッシュルーム（4等分）
　…6〜7個
シメジタケ（ほぐす）…1パック
サラダ油…適量

＊ナスは入れたほうがいいが、ほかの野菜は季節のものを使う。上記のほかに、黄パプリカ、タケノコ、レンコンなどの独特の食感をもつ野菜、黒や緑のオリーブを最後に混ぜてもいい。

作り方

❶ セロリと玉ネギを除く野菜類は、2cm角に切りそろえる。ナスは揚げると水分が抜けて小さくなるので、やや大きめに。

❷ セロリはナイフでたたいて、粗みじん切りにする。玉ネギは粗みじん切りにする。
⇧セロリは香味野菜として使うので、繊維をつぶして香りを立てる。
⇧玉ネギとセロリは、分量を増やして、一部を2cm角に切って、具として加えてもよい。

❸ 鍋にオリーブ油、②の玉ネギとセロリを入れる。弱めの中火で、少し色づくくらいまでじっくりと炒めて、香りと甘みを引き出す。

❹ ホールトマトを加えて混ぜ、塩、コショウする。沸騰したら火を弱めて、このまま煮詰める。

❺ バジリコの葉を手でちぎって加える。
⇧バジリコは、ナイフで刻むより、ちぎったほうが香りが際立つ。

❻ 最終的には写真程度まで水分を飛ばし、柔らかいペースト状になるまで煮詰める。塩、コショウで味を調える。
⇧あとで野菜が入ることを考慮して、この時点では、やや強めに味をつけておくとよい。
⇧しっかり煮詰めて旨みを凝縮しておく。

❼ 別鍋にサラダ油をたっぷり入れて170℃に熱し、①の野菜を一度に入れて素揚げする。

❽ 網ですくって紙に取り出し、余分な油をきる。

❾ ⑥のソースに野菜を入れて混ぜ合わせる。
⇧ソースが全体にからめばよいので、煮込む必要はない。

antipasto | 野菜

トマトのブルスケッタ

Bruschetta con Pomodoro ブルスケッタ コン ポモドーロ

ブルスケッタはシンプルなガーリックトーストのこと。
この上にマリネした角切りトマト（ケッカソース）をたっぷりのせると、格好のアンティパストになる。
ポイントは、材料を混ぜ合わせたら、油とトマトから出た水分をよく混ぜて、トロリと乳化させること。
トマトのおいしさが決め手となるが、時期はずれだったり味が物足りないときは、
ホールトマトと砂糖で味をおぎなうといいだろう。
このケッカソースは、ソース兼つけ合せとして、グリルした肉や魚にも合う。

材料　4人分
バゲット（薄切り）…8枚
ニンニク…1片
EXV. オリーブ油…適量
ケッカソース
　トマト（小角切り）…2個
　ニンニク（粗みじん切り）…½片
　バジリコの葉…1枝分
　EXV. オリーブ油…20cc
　ホールトマト
　　（汁ごとつぶしたもの）…少量
　塩、コショウ、砂糖…各適量

作り方

❶ ケッカソースを仕込む。トマトのへたをナイフの先でくり抜き、沸騰した湯に数秒間浸けて氷水に移す。ナイフの先で皮を引っ張るようにしてむく。

⇧トマトの皮の湯むきは基本中の基本。味を損ねるので、湯に浸けすぎないようにする。

❷ 横に2つ割りにして、トマトの種を抜く。小さなスプーンの柄の先を使うと、大きさが合うので作業しやすい。角切りにしてボウルに入れる。

⇧大きさは好み。食べやすさを考えるなら小さめに、ボリュームを出したいなら大きめに。

❸ ニンニクはナイフを当てて上からつぶし、皮を取って粗みじん切りにする。

⇧何度もナイフを入れると、ニンニクに金気が移って雑味として残ってしまう。最初にしっかりつぶして細かくしやすくしておくこと。

❹ バジリコの葉を指でおおまかにちぎる。ニンニクとともに②のボウルに入れ、塩、コショウする。

⇧ニンニクとバジリコは金気を嫌うので、できるだけナイフを使わずに手で細かくする。

❺ トマトの味がもの足りない場合は、ホールトマトと1つまみの砂糖を加えて混ぜ合わせる。分量は味をみながら調節すること。

❻ 最後にEXV.オリーブ油を加え、ボウルをふって材料をまんべんなく混ぜ合わせる。

⇧しっかり乳化するまで混ぜておくことがポイント。

❼ 油と水分がトロリと白濁したドレッシング状態になるまで、充分なじませる。使用するまで冷蔵庫で保存。

⇧長時間おくと、トマトの水分が出て水っぽくなるため、その日のうちに使いきる。

❽ フランスパンの薄切りを熱したグリラーで焼く。

⇧オーブンに入れてもよいが、グリラーのほうが素早く焼き色がつく。

❾ 片面にニンニクの切り口をすり込んで香りをつけ、EXV.オリーブ油をかける。⑦のケッカソースをこんもりと盛る。

⇧時間がたつとソースが分離してくるので、使うたびによくかき混ぜて乳化させてから使うこと。

antipasto 野菜

トマトのライス詰めグラタン

Pomodoro al Riso　ポモドーロ アル リゾ

トマトの種をくり抜いて、中に米を詰めて焼き上げた温かい前菜。
焼き立てでもよいが、しばらくおいて常温にしたほうが、味がおちついておいしくなる。
営業前にまとめて焼いておけるので、前菜にはもってこいの一品である。
またボリュームもあるので、大きさによってはメイン料理として提供できる。
本来は野菜だけでつくる料理だが、今回は中に生ハムを刻んで混ぜ込み、旨みをプラスした。

材料　4人分

トマト（小さめのもの）…8個
米…200g
ニンニク（粗みじん切り）…1片
バジリコ（粗みじん切り）…1枝
生ハム＊（粗みじん切り）…適量
ホールトマト（汁ごと裏漉す）
　…250cc
EXV.オリーブ油…60cc
ジャガイモ（2cm角）…3個
塩、コショウ…各適量

＊生ハムは、普段使わないスネに近い部分や切れ端などで充分。なお、このほかに野菜や肉類など、混ぜ込む具材を工夫してもよい。

作り方

❶ トマトのヘタは、周囲の葉だけを指で取り除いておく。ナイフで根元ごとくり抜くと、穴があいて中に具材を詰められなくなる。次に逆さにして、上¼を横に切り、蓋をつくる。

❷ ティースプーンの柄でトマトの種をくり抜く。

⇧最初にトマトの中心を果肉ごと少し取り除いた後、柄の部分で周囲の種をすくい取ると作業しやすい。ティースプーンの柄はトマトのサイズに合うので使いやすい。

❸ 種の周りの果肉はすべてきれいにくり抜くのではなく、種だけを取る感じで。またヘタに通じる中心部分が抜けやすいので、穴をあけないように注意。蓋側についている種も取り除いておく。

❹ 取り除いたトマトの種をザルまたは漉し器に入れる。ざっと漉してジュースをとり、ホールトマトに混ぜておく。

❺ ボウルに米、ニンニクとバジリコを入れて、塩、コショウ、EXV.オリーブ油を混ぜる。さらに④のホールトマトを加えて混ぜる。

⇧米は洗わずにそのまま使う。

❻ 生ハムを粗く刻んで⑤に加え、混ぜておく。

❼ 深めの耐熱容器にトマトの下の部分を並べて、⑥を詰めて蓋をする。

⇧まず米などの具をスプーンで均等に詰めてから、残りの汁を縁まで注ぐと、かたよりなく詰めることができる。

❽ ボウルに残った汁にジャガイモを加える。トマトの隙間にジャガイモを詰めて、汁をかけ回す。

❾ トマトの上に米粒が出ていたら汁の中に落とす。

⇧汁から出た状態で焼いてしまうと、米粒がかたくなったり、こげたりして、見た目も食感も悪くなる。

❿ 180℃のオーブンで30〜40分間焼く。取り分けて皿に盛り、みじん切りのイタリアンパセリ（分量外）を散らす。

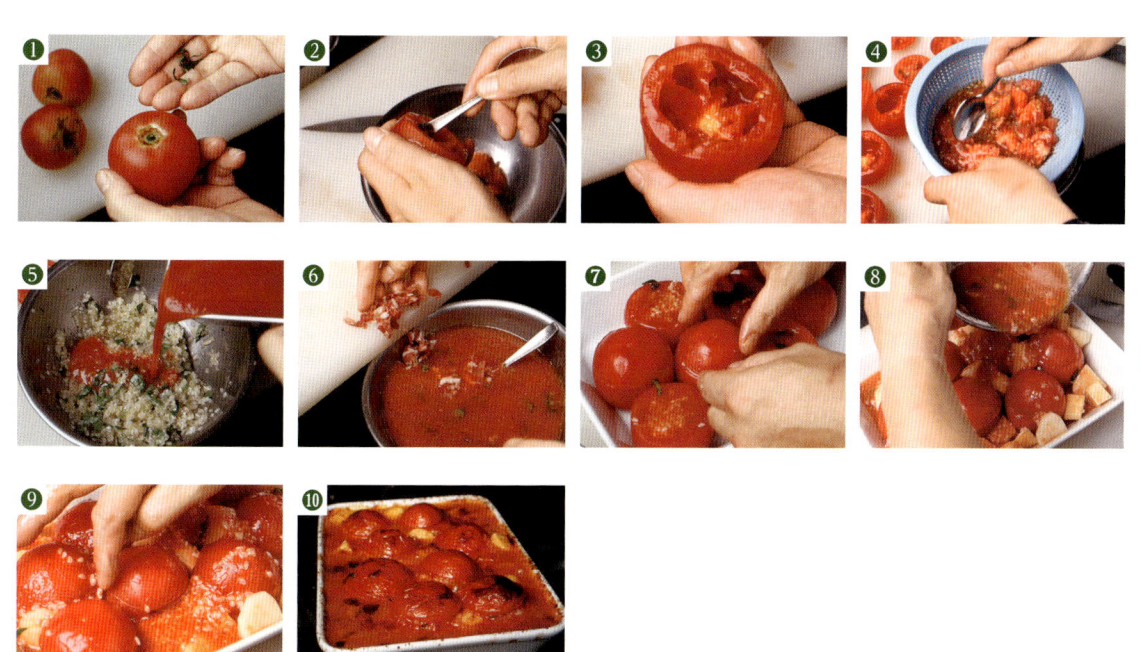

バーニャ・カウダ

Bagna Cauda バーニャ カウダ

ニンニクとアンチョビーでつくった、熱々のソースを生野菜につけて食べる、ピエモンテの伝統料理である。
日本にもすっかり定着した人気メニューだ。
いわゆるスティックサラダ感覚だが、熱いソースは前菜としての満足感を高めてくれる。
パスタソースやグリルした肉や魚のソースとしても利用できるので、まとめて仕込んでおくと便利。
この料理には、下に固形燃料を入れてソースを加熱するバーニャカウダ専用の鍋があるが、
必ずしもそろえる必要はない。保温力のある小さめの土鍋やココット、小さなソースパンなどで代用できる。

材料　約4人分
ニンニク
　…3株（25～30片、約150g）
牛乳…適量
アンチョビー…40g
EXV. オリーブ油…200cc
季節の野菜＊…適量

＊その時々の季節のものを、彩りを考えて準備する。ニンジン、キュウリ、チコリ、ラディッシュ、赤パプリカ、ジャガイモ、ラディッキオ、ルーコラ、キャベツ、キノコなど。生で食べられないものは、ゆでて食べやすく切る。

作り方

❶ バーニャカウダソースをつくる。ニンニクの皮をむいて、鍋にたっぷりの牛乳とともに入れる。火にかけて沸騰したら弱火にし、完全に柔らかくなるまで煮る。

⇧牛乳でゆでるとニンニクの強いにおいが柔らぐ。牛乳はふきこぼれやすいので注意。

❷ ニンニクに竹串が抵抗なくスッと通ったら煮上がり。だいたい15〜20分間かかる。

❸ ザルにあけて牛乳を捨て、水気をきる。

❹ まな板の上に取り出して、ナイフの腹でニンニクをすりつぶす。

⇧ボウルや鍋の中に入れて、フォークやスプーンなどで押しつぶしてもよい。

❺ ペースト状になったらアンチョビーを加える。ナイフでたたくようにして、ニンニクと混ぜ合わせる。

⇧缶の中の油も風味があっておいしいので、一緒に加えて混ぜる。

❻ 鍋に移し入れて、EXV.オリーブ油を加える。浸るくらいが分量の目安。

❼ 火にかけてクツクツとしてくるまで温めてでき上がり。保存する場合は、冷ましてから冷蔵庫に入れる。適量を専用鍋に入れて温め、食べやすく切った野菜とともに提供する。

⇧最後にきちんと熱くしておかないと、保存がきかない。ただし、長い間加熱しすぎると、旨みが逃げるので注意する。

antipasto | 野菜

米ナスのパルマ風グラタン

Melanzane alla Parmigiana   メランザーネ アッラ パルミジアーナ

温かい前菜。寒い時期には、熱々の前菜を用意する。
揚げたナスとトマトソースを層にして焼き上げた、パルマ地方の温かい伝統料理である。
前菜は手間をかけずにスピーディに出したいもの。
冷たい前菜なら、事前につくりおきが可能だが、温菜のレパートリーもそろえておきたい。

材料　1人分・直径16cm 深さ3cmの耐熱皿1台分

米ナス＊…2/3〜1個
トマトソース（→27頁）
　…約50cc
パルミジャーノチーズ…30g
モッツァレラチーズ…40〜50g
塩、強力粉、揚げ油…各適量

＊繊維がしっかりしていて食べ応えがある。皮に張りとツヤのあるものを選ぶこと。普通のナスでもよいが、その場合は、1人分1〜2個が目安。

作り方

❶ 米ナスはヘタを切り落として皮をむき、6〜7mm厚さの薄切りにする。

⇧皮つきのまま使ってもよいが、皮の黒い色が料理ににじむことがあるので、むいたほうがきれいに仕上がる。

❷ ナスをバット一面に並べ、アク抜き用の塩をふる。米ナス2個ならば大さじ1ほどが目安。

⇧しっかりアク抜きするには、塩をまんべんなくふることが大切。めんどうでもバットに重ならないように並べて行なうこと。
⇧アク、水分を抜く一手間でナスの風味がアップ。

❸ ボウルの上にザルをおき、②のナスを平らに重ねて入れる。

❹ 上に皿をおいてから、重し（写真は数個のボウル）をのせて、10分間ほどおいてアク抜きをする。

⇧重しはごく軽いもので充分。手近にあるものを使う。

❺ ナスに強力粉をまんべんなくまぶす。粉をまぶしたらたたくようにして余分な粉を落とし、薄く平均につける。

❻ 約180℃の揚げ油で揚げる。

⇧鍋一面をおおうくらいナスを入れてもよいが、温度が一気に下がるので、はじめのうちは強火にしておく。

❼ 途中で中火に落とし、裏返してキツネ色に揚げる。アミの上に取って油分をきる。

⇧ナスから出る泡が少なくなったら、水分が抜けてカラリと上がった目安。
⇧ナスはまとめて揚げて冷蔵庫で2〜3日間保存可能。

❽ 皿にトマトソースを薄くぬってからナスを一面に敷き詰め、さらにトマトソースをぬる。

⇧器は耐熱・保温性があって、そのまま1人分ずつ出せるものを用意。

❾ ちぎったモッツァレラチーズ、パルミジャーノチーズをのせる。⑧、⑨を2回繰り返す。

⇧もっとボリュームを出したい場合は、ナスを3段に重ねてもよい。

❿ 器ごとコンロにかけて、周りがグツグツしてきたら220℃のオーブンに入れ、表面に焼き色をつける。

⇧器が冷たいままオーブンに入れると時間がかかるので、まずコンロの直火で一気に熱してからオーブンに入れるのがスピーディにつくるポイント。焼き時間が半減できる。

antipasto｜野菜

スープリ

Suppli al Telefono スープリ アル テルフォノ

中に入れたモッツァレラチーズがとろりと溶けて、ボリュームも満点。
トマト味のリゾットにフライ衣をつけて揚げた「ご飯のコロッケ」である。
衣つけと揚げる作業に多少の手間はかかるが、前仕込みができるリゾットのベースを使えば手順は簡単だ。
なお、写真は数人分をまとめて盛りつけている。前菜ならば1個でも充分な分量なので、
ほかに軽い野菜類などと組み合わせて、前菜の盛り合わせに使うとよいだろう。

材料　5～6個分

リゾットのベース（→38頁）
　　…250g
水…100cc
トマトソース＊（→27頁）
　　…150cc
塩、コショウ…各適量
パルミジャーノチーズ…40g
無塩バター…30g
バジリコの葉＊＊…4～5枚
モッツァレラチーズ…約½個
強力粉、溶き卵、パン粉、
　揚げ油…各適量

＊量を増やせばトマト味が強くなる。
＊＊好みで入れなくてもよい。

作り方

❶ 鍋にリゾットのベースと水を入れて火にかける。米全体がまんべんなくほぐれるようにしばらく混ぜる。

❷ 水分がいきわたって米がほぐれてきたら、塩、コショウ、トマトソースを加えて混ぜ合わせる。さらにパルミジャーノチーズ、バターを加える。

❸ 味を確かめてから、バジリコの葉をちぎって混ぜる。
⇧包丁で細かく刻むより、その場でちぎって加えたほうが香りが失われない。

❹ すぐにバットに取り出す。

❺ 内部に余熱がこもらないように、広げて一気に冷ます。
⇧そのままにしておくと、米に余分な熱が入って柔らかくなってしまう。

❻ 完全に冷めたら、少量を手にとって、小さくちぎったモッツァレラチーズを中に詰めて丸める。

❼ 同様にすべてチーズを詰めて丸める。
⇧大きさは好みだが、小さいとモッツァレラチーズが包みにくいし、でき上がりのボリューム感に欠ける。大きすぎると揚げ時間がかかって、脂っぽくなってしまう。

❽ 全体にまんべんなく強力粉をつける。厚くならないように余分な粉ははたき落としておく。

❾ 溶き卵にくぐらせてから、パン粉（細目）をまぶす。
⇧溶き卵をつけて時間がたつと、水分で形がくずれやすくなるので要注意。強力粉とパン粉をつけるのは何個か一緒にまとめて作業できるが、溶き卵にくぐらせるのは1個ずつ行なったほうがいい。

❿ 約160℃の低温の揚げ油に入れ、転がしながら揚げる。キツネ色がついて中心まで熱くなればでき上がり。取り出して油をきる。

antipasto 野菜

ポルチーニ茸のサラダ

Insalata di funghi Porcini インサラータ ディ フンギ ポルチーニ

イタリア産ポルチーニのフレッシュが手に入ったらぜひつくってみたいサラダ。
緻密で肉厚なキノコで、独特のシコシコとした食感と繊細な風味をもつ。
グリルやソテーもよいが、若くてかためのものならば、生のまま使ってみたい。
香りが持ち味なので、水洗いはせずに、提供直前に切ってほかの材料と合わせること。
時間がたつと変色したり、香りが飛んで美味しさが半減してしまう。

材料
ポルチーニ茸*…小2個
マッシュルーム（薄切り）＊＊
　…3〜4個
セロリ（薄切り）…1/4本
玉ネギ（薄切り）…少量
レモン…1/2個
EXV. オリーブ油
　…適量（レモン汁の3〜4倍量）
塩、コショウ、パルミジャーノ
　チーズ…各適量

＊傘が開いていて柔らかく、香りの強い ものは加熱調理向き。サラダには歯応え のあるかたいものが向いている。鮮度の よいものを選びたい。水洗いはせずに、 ナイフで汚れをこそげ取るか、フキンで ふく。
＊＊マッシュルームは、いってみれば原 価調整用。ポルチーニ茸の量に応じて好 みで分量調節を。

作り方

❶ セロリは繊維に垂直になるように、端から薄切りにする。
⇧繊維が切れて食べやすくなる。シャキシャキ感は残るが口に残らず、主役のキノコの邪魔をしない。

❷ 玉ネギも同様に繊維に垂直に切る。
⇧玉ネギは風味のアクセントに加えるので少量でよい。

❸ マッシュルームは表面に汚れや変色している部分があったら切り取り、端から薄切りにする。

❹ ポルチーニ茸は表面の汚れをナイフでこそげ取る。
⇧水洗いするとキノコが水分を吸うため、せっかくの食感や旨みが半減するので、できるだけ避ける。あまり汚れがひどければ、ぬれたフキンでぬぐい取る。

❺ ポルチーニ茸の軸の真ん中あたりで半分に切る。下の部分は、厚さ1～2mmの輪切りにする。
⇧中に小さな虫がいることがあるが、その部分を切り取って使えば問題ない。

❻ 上の部分は、傘の形が生きるように、軸の繊維に沿って厚さ1～2mmの薄切りにする。

❼ 切り分けた材料をすべてボウルに入れて、全体を手で混ぜる。さらに塩、コショウをふり入れ、まんべんなく混ぜ合わせる。
⇧1種類の調味料を入れるたびに混ぜ合わせるのがサラダの原則。

❽ レモンを搾り入れる。全体を混ぜ合せて、さらにEXV.オリーブ油を加える。器に盛り、パルミジャーノチーズの薄切りをのせる。

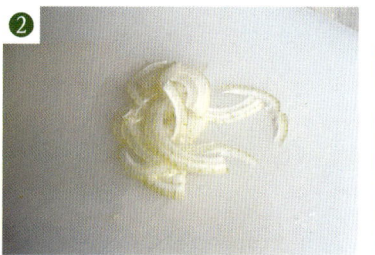

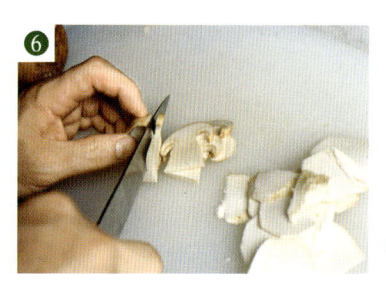

antipasto 野菜

ロシア風小エビ入りポテトサラダ
Insalata di Patate alla Russa　インサラータ ディ パターテ アッラ ルッサ

ゆでたジャガイモをマヨネーズで和えたシンプルなポテトサラダ。
エビやハムなどの具をたっぷり加えて、仕上げはケーキのように飾りつけた。見た目もちょっと豪華な一品である。
ジャガイモは、丸ごとゆでて、熱いうちに皮をむいて切り分ける。
こうすると表面が少しくずれるので、ちょうどサラダ全体のつなぎになる。
また熱いほうが、ジャガイモに調味料がよくしみ込む。
この段階では、やや強めの味つけにしておくと冷めたときに、ちょうどよくなる。

材料　12〜14人分
ジャガイモ＊…10個
玉ネギ…1.5個
マスタード…大さじ1
エビのむき身…200〜250g
ホウレン草…½束
ハム…100g
ゆで玉子…10個
塩、コショウ…各適量
飾り用オリーブ…適量

マヨネーズ
　卵黄…3個分
　マスタード、塩、コショウ
　　…各適量
　レモン汁…½個分
　EXV.オリーブ油…適量

＊サラダにする場合はメークインのほうが甘みがあっておいしい。

具材の準備
エビのむき身：塩を加えた85℃の湯に入れ、火が通ったら取り出して冷ます。
ホウレン草：塩ゆでして、食べやすく切る。
ハム：小角切りにする。
ゆで玉子：半量は飾り用に輪切りにし、残りは具材用に粗く刻む。

作り方

❶ ジャガイモを丸ごとゆでる。熱いうちに皮をむき、小角切りにする。表面を少しくずしたいので、食事用のナイフでザクザク切る。

⇧冷めると皮がむきにくいだけでなく、くずれにくくなり、味もしみ込まない。

❷ 温かいうちにボウルに入れて、塩、コショウをふりながら手で混ぜる。このときもジャガイモを少しくずしながら、味をよくしみ込ませる。

⇧このときに味をみて、やや塩気が強いくらいに調整しておく。

❸ 玉ネギは繊維に沿って薄切りにし、塩少量をふって手でもみながら混ぜ合わせる。次第に水分が出てくる。

⇧玉ネギが味の決め手。多めに入れたほうがおいしいが、しっかり塩もみして、辛みを抜くこと。

❹ フキンかタオルで包み、玉ネギの水分を搾る。そのまま流水の中で軽くもんで、辛みを取り除く。

❺ 最後にしっかり玉ネギを搾って水分を抜き、ボウルに移す。マスタードを合わせておく。

⇧マスタードは単独でジャガイモに加えると均一に混ざりにくいので、先に玉ネギと合わせておく。

❻ ②のジャガイモに⑤の玉ネギ、ホウレン草、ハムを加えて、まんべんなく混ぜ合わせる。

❼ さらにゆで玉子の半量とエビのむき身を加えて、まんべんなく混ぜ合わせる。

❽ 最後にマヨネーズの半量を加えて和える。

❾ 大皿にのせて、セルクルなどを使ってホールケーキのように形を整え、周囲に残りのマヨネーズをぬる。飾り用のゆで玉子、オリーブをのせる。

⇧このまま冷蔵庫で1時間ほど冷やしておちつかせる。

❿ 提供時は適宜切り分け、くずさないように注意して盛りつける。

マヨネーズの作り方

市販品でもよい。つくる場合は以下の通り。

❶ 卵黄とマスタード、塩、コショウを泡立て器で混ぜ合わせ、レモン汁を搾ってのばす。

❷ EXV.オリーブ油を細くたらしながら攪拌し、もったりしてきたらでき上がり。

---

antipasto 野菜

花ズッキーニのフライ

Fritto di Fiore di Zucchini　フリット ディ フィオーレ ディ ズッキーニ

ビール入りのフリッター衣でカラリと揚げた花ズッキーニのフライ。
花ズッキーニは、花の部分に詰め物ができる便利な食材。ここでは詰め物に定番のアンチョビーを加えたモッツァレラチーズだが、加える食材次第でバリエーションが出せる。
揚げ衣は、小麦粉をビールで溶いてつくるタイプ。ビール酵母の作用で、パンのような軽い衣となる。
必ず材料を合わせたら、時間をおいて使うこと。
なお、この衣はいろいろなフライものにも幅広く使える。とくにリンゴなどの果物や野菜と相性がよい。

材料　1人分
花ズッキーニ＊…2本
モッツァレラチーズ…60g
アンチョビー…1枚
強力粉…適量
揚げ衣
　　強力粉…100g
　　ビール…180cc
　　塩…少量
揚げ油…適量
レモン、ラディッキオ
　　…各適量

＊ズッキーニの花には雄花と雌花があり、実がつくのは雌花。レストランではおもに雌花を使う。鮮度が命なので早めに使う。

作り方

❶ 揚げ衣をつくる。強力粉に塩少量を加え、ビールを注ぎ入れて、なめらかになるまで混ぜ合わせて、30分間おく。

⇧粉が均一に混ざればよい。混ぜすぎると粘りが出てしまい、カラッとした揚げ上がりにならないので注意。

❷ アンチョビーをナイフの腹ですりつぶす。

⇧アンチョビーの分量は好みで調節する。

❸ 詰め物をつくる。ボウルにモッツァレラチーズを入れてフォークでつぶし、アンチョビーを加えて混ぜる。

⇧何人分かをまとめてつくる場合は、フードプロセッサーで一気に混ぜ合わせると早い。

❹ 花ズッキーニの実の部分に切り目を1本入れておく。

⇧詰め物を包んだ花の部分と火通りをそろえるために、火が入りにくい実の部分には縦に包丁目を入れる。

❺ 花びらを破かないように注意して開き、中央のめしべを魚の骨抜きでつまんで取り除く。

⇧めしべは苦いし、残しておくと詰め物がうまく入らないので、必ず取り除いておく。

❻ ③の詰め物を、花の長さに合わせて細長くまとめ、花びらできっちりおおって、先端をつまむようにしてしっかり閉じる。

⇧閉じ方があまいと、揚げている最中にチーズが出てきてしまうので注意。

❼ 花びらの部分に薄く強力粉をまぶし、ねかせておいた①の揚げ衣を花の部分につける。

❽ 180℃の揚げ油に入れる。

⇧油の温度が低すぎると、カリッと揚がらない。

❾ ときおり裏返して、全体がまんべんなくキツネ色になるまで揚げる。レモンと飾りのラディッキオを添えて提供する。

antipasto｜野菜

前菜盛り合わせ

Antipasto Misto アンティパスト ミスト

ここでの「ミスト」は「盛り合せ」の意味。つまりアンティパスト ミストは「前菜の盛り合せ」という意味である。
イタリア料理では、数種類の前菜を一皿に盛り合わせて提供するスタイルがポピュラーだ。
どんなものをどう盛るかは、その人のセンス次第。意外に力量が試されるメニューともいえる。
ここでは4種類の前菜を盛り合わせたが、実際はもう少し品数が欲しいところ。
まとめて仕込みがきく料理や市販品のハム類などを6～7品盛り合わせるといいだろう。
そのさいに注意したい点は、①肉、野菜、魚の料理をバランスよく。②同じ味つけにかたよらないこと。
③彩りは鮮やかに。盛りつけでも同じ色同士を並べない。味はもちろん、見た目にも楽しさを表現したい。
ここで盛り合わせた料理のほかに、トマトのブルスケッタ（→46頁）、地鶏の冷製ツナソースがけ（→82頁）、カポナータ（→44頁）なども利用できる。

ピーマンのシチリア風マリネ

肉厚のパプリカの甘さと食感がポイント。何色か使うとカラフルだが、赤パプリカが一番甘みが強い。なお焼き汁にはパプリカの旨みが出ているので、捨てずに使うこと。

材料　8人分

赤パプリカ、黄パプリカ…各3個
ニンニク（粗みじん切り）…1片
バジリコの葉（ちぎる）…8枚
白ワインヴィネガー…30cc
オリーブ油…200cc
塩、コショウ…各適量

作り方

❶　パプリカを丸ごと160℃のオーブンに入れて、弱火でじっくりと焼く。ときおり回して、全面にまんべんなく焼き色をつける。指で押してみて、全体が柔らかくなったら取り出す。
⇧表皮が焼けて黒くなってもかまわない。

❷　熱いうちに指で皮をむき、中の種を取り除く。指先を水で冷やしながら行なうとよい。適当な幅に裂いて、ボウルに入れる。焼き汁も捨てずにボウルに。
⇧冷めると皮がむきにくくなってしまう。
⇧大切な旨みが流れてしまうので、焼き上がったら水にとらない。

❸　ニンニク、バジリコを加え、白ワインヴィネガー、オリーブ油、塩、コショウで味をつける。全体をよく混ぜ合せて、しばらくおいて味をなじませる。

ウイキョウのグラタン

柔らかくゆでたウイキョウにホワイトソースとチーズをかけて焼き上げたグラタン。取り分けるときは、おいしそうな焼き色が見えるように見栄えよく。そのつど温めて出してもいいし、冷めたままでもおいしい。

材料　4人分
ウイキョウ…2株
塩、コショウ、無塩バター…各適量
ホワイトソース ＊（以下はつくりやすい分量）
　無塩バター…20g
　強力粉…20g
　牛乳…220g
パルミジャーノチーズ…10g

＊フライパンを熱してバターを溶かし、強力粉を加えて粉っぽさがなくなるまで木ベラでよく炒める。一旦火からおろして1/3量の牛乳を加えてのばしながらかき混ぜる。再び火にかけ、かき混ぜながら残りの牛乳を少しずつ加えたら、10分間ほど煮る。

作り方

❶　ウイキョウは葉を切り落として、火が入りやすいように根元に十文字の深い切り目を入れて、塩湯に入れてゆでる。
⇧竹串がスッと通るくらいまで、柔らかくゆで上げる。

❷　切り目から4等分に切り、さらにこれを半分に切って8等分にして、塩、コショウをふる。

❸　バターをぬった焼き皿に盛り、ホワイトソース30～35gをかける。さらにパルミジャーノチーズをふり、バターを数ヵ所に散らす。焼き皿を直火にかけて、フツフツ音がしてきたら、220℃のオーブンに入れて焼き色をつける。

フリッタータ

大きい円盤型に焼き上げたイタリア風のオムレツ。中に混ぜ込む具材に、とくに決まりはない。1種類でもいいし、ハムや野菜など各種取り混ぜて、具沢山にしてもよい。

材料　1台分
全卵…4個
具材
　ズッキーニ…1本
　ナス…1個
　赤パプリカ…1/2個
　マッシュルーム…4個
　トマト…1個
　モルタデラソーセージ＊…50g
オリーブ油、塩、コショウ…各適量
パルミジャーノチーズ…30g

＊ボローニャ地方のポークソーセージ。背脂の角切りをちりばめた大型のソーセージで、日本ではボローニャソーセージともいわれている。

作り方

❶　各種具材をそれぞれ薄切りまたは角切りにする。鍋にオリーブ油を入れて熱し、具材をすべて一緒に炒める。軽く塩、コショウで味をつけて冷ましておく。

❷　全卵を溶きほぐし、パルミジャーノチーズを加え、塩、コショウを混ぜて、①の具材を加える。フライパンにオリーブ油を多めに入れて強火で熱し、卵液を入れる。フォーク2本を使って、オリーブ油を卵液に混ぜ込むように全体を混ぜて香りと味をつけ、半熟状態にする。

❸　そのまま150℃のオーブンに入れて焼き上げる。中まで火が入って、底面にしっかり焼き色がついたら裏返して、片面にも焼き色をつける。中まで火が通って、卵が固まったら取り出し、冷ましておちつかせてから切り分ける。

antipasto｜野菜

マグロとアボカドのサラダ

Insalata di Tonno e Avocado　インサラータ ディ トンノ エ アボカド

角切りのマグロの赤身とアボカドをねっとりと混ぜ合わせた冷たいサラダ。
そのままパンやチコリにのせて食べるようすすめる。マグロは、高価である必要はない。
アボカドがねっとりと濃厚な味わいを持っていて、最後にオリーブ油で和えるので、むしろあっさりしたメバチ、
キハダ、ビンチョウなどの手頃な価格のマグロのほうがよいくらいだ。もちろん冷凍物でもおいしくつくることが
できる。ここで使用した調味料以外に、酸味にレモンなどの柑橘類の搾り汁を使ったり、
アクセントにタバスコや粒マスタード、アンチョビーなどを効かせるなど、アレンジが可能。

材料　4人分

- マグロ赤身＊（小角切り）…200g
- アボカド（小角切り）…1個
- 玉ネギ（みじん切り）…20g
- ケッパー（粗みじん切り）…10g
- 赤ワインヴィネガー…10cc
- バルサミコ酢…少量
- EXV. オリーブ油…30cc
- 塩、コショウ…各適量
- アサツキ（小口切り）…適量

＊ここではキハダマグロを使用。

作り方

❶ アボカドは中央に大きな種があるので、縦にぐるりと切り目を入れてから、両手でねじるようにして実を2つに分ける。

❷ アボカドをしっかり持ち、種に軽くナイフの刃を当てて、そのままねじると、種が取り出せる。皮は手でむき取る。

❸ まな板の上に伏せておき、厚さを2等分に切り、縦と横にナイフを入れて、小角切りにする。
⇧アボカドを一列にきれいに並べ、端から一気に切っていくと、手早く作業ができる。

❹ くずさないように注意してボウルに移す。
⇧アボカドはくずれやすいので、まな板においたまま動かさず、ナイフの向きを変えて切り、一気にボウルに入れること。

❺ マグロはアボカドと同じ大きさの小角切りにする。

❻ マグロ、玉ネギ、ケッパーをボウルに入れる。強めに塩、コショウをして混ぜてから、赤ワインヴィネガー、バルサミコ酢を加えて、まんべんなく混ぜ合わせる。
⇧玉ネギは、しっかりとした辛みと香りを生かしたいので、水にさらさずそのまま使う。
⇧マグロをつぶさないように手でやさしく混ぜる。

❼ 最後にEXV.オリーブ油を加えて混ぜ合わせる。

❽ オリーブ油は写真のように、マグロ全体にちょうどねっとりとからみつく程度。ヴィネガー類の3〜4倍が分量の目安。

❾ 最後にアボカドを加えて全体を混ぜ合わせる。皿にチコリ（分量外）をのせて、上にこんもりと盛りつけ、アサツキを散らす。

antipasto｜魚介

魚のカルパッチョ

Carpaccio di Pesce　カルパッチョ ディ ペッシェ

魚のカルパッチョは、旬の魚を使えば1年中つくれる便利なメニューの一つ。
魚は繊維に沿って薄くそぎ切りにし、弾力を残して歯応えを生かすことがポイントだ。
生野菜をたっぷり合わせると、サラダ感覚で食べやすくなる。
ただし、調味料の種類や量は臨機応変に考えないと、魚の個性を生かしきれずに単調な料理になってしまう。
基本はレモン汁とオリーブ油だが、ワインヴィネガーやバルサミコ酢なども各種試してみるといいだろう。
ここで使った魚はヒラマサ。少量のバルサミコ酢でアクセントをつけた。

材料　1人分

魚（ヒラマサ）＊…50g
レモン汁＊＊…小さじ½
EXV. オリーブ油…10cc
バルサミコ酢…少量
塩、コショウ…各適量
各種野菜類（トマト、チコリ、
　キュウリ、ニンジン、セロリ、
　ジャガイモ）…適量
塩、コショウ、レモン汁、
　EXV. オリーブ油…各適量
アサツキ（小口切り）…少量

＊魚は季節の素材を使う。スズキやイナダ、タイなどの白身魚だけでなく、カンパチやアジなどでもよい。
＊＊レモン汁とバルサミコ酢のかわりに、ワインヴィネガーやフランボワーズヴィネガーなど各種ヴィネガーを使ってもよい。

作り方

❶ おろした魚の身の尾側から薄いそぎ切りにする。左手の指で身を押さえながら、包丁を斜め手前に引くように切る。

⇧尾側から斜めに切ると、肉の繊維が分断されないので、歯応えを生かすことができる。

❷ 約2mm厚さが目安。切り身によって厚さにバラつきがないように注意する。薄すぎると物足りないのでほどほどに。

⇧仕込みでここまでまとめて済ませておいてもよい。1人分ずつ山にしてラップフィルムをかけて冷蔵庫で保管する。

❸ 提供する皿の上に並べていく。間をあけないで皿一面に敷き詰める。

⇧盛りつける皿は、冷やしておくこと。

❹ 塩、コショウをまんべんなくふって、レモン汁を回しかける。軽くふれて塩をなじませ、EXV.オリーブ油を回しかける。

⇧魚は切ったらすぐに盛りつけて、味つけはすべて皿の上で。ボウルの中で和えてから盛りつけてもよいが、直接ふったほうが早い。なお、塩、コショウはなるべく高い位置からふると、まんべんなくいきわたる。

❺ さらにバルサミコ酢を回しかける。

⇧バルサミコ酢は、ヒラマサやイナダなど、クセや脂の強い魚の場合に、アクセントとして少量使うとよい。ただし、スズキなど淡白な魚の場合は、分量に注意。
⇧油と酸味の割合は、油3に対して酸味1が基本。

❻ チコリは1cm幅、トマトは5mm角、そのほかの野菜類はせん切りにする。トマト以外は、事前にしばらく水に放ってパリッとさせ、水気をきって冷蔵庫に入れて準備しておく。

⇧野菜類は季節に応じて。夏ならばミョウガなどの夏の香味野菜なども合う。

❼ ボウルに入れて、塩、コショウをふって、混ぜ合わせる。さらにレモン汁、EXV.オリーブ油を加える。

❽ 味にムラがないように、全体をまんべんなく混ぜ合わせる。

❾ ⑤の魚の中心に、野菜類をこんもりと盛りつける。小口切りのアサツキを散らして提供する。

antipasto 魚介

魚介のサラダ

Insalata di Frutti di Mare　インサラータ ディ フルッティ ディ マーレ

さまざまな魚介類を混ぜ合わせ、ニンニクと赤唐辛子、レモンの酸味を効かせた。
魚介類はいずれも加熱しすぎると身がかたく締まり、旨みも逃げてしまう。
手間がかかるが、必ず種類ごとに分けて、少量ずつ火を入れていくのがポイント。
また貝類をワイン蒸しにしたさいの蒸し汁は、旨みのエキスがたっぷり。
これをソースに適量加えて混ぜれば、風味も旨みもアップする。
なお冷やしすぎると、魚介類の食感が悪くなり、旨みも感じにくいので、常温程度が最適となる。

材料　4人分

- ムール貝…4個
- アサリ…20個
- ヤリイカ…1杯
- ホタテ貝…4個
- 芝エビ…20尾
- ニンニク…1片
- オリーブ油…30cc ＋ 30cc
- 赤唐辛子…½本
- 白ワイン…15cc
- レモン汁…1個分
- イタリアンパセリ（みじん切り）…適量
- EXV. オリーブ油…30cc
- 塩、コショウ…各適量

＊魚介類はこのほかに季節のものを使用する。できれば生のものが望ましいが、エビ、イカなどは冷凍品も利用できる。

作り方

❶　魚介の下処理をする。ムール貝は流水の下でこすり合わせて表面の汚れを落とす。殻から黒い紐状のものが出ている場合は、引っ張って取り除く。

❷　ヤリイカは胴体の中に指を入れて、つなぎ目をはずし、そのまま脚を引っ張って胴体と別にする。胴体の中に残っている骨を抜き、エンペラを引っ張ってはずし、表面の皮をむいて食べやすく切る。

❸　イカの脚は口と目、ワタを取り除き、食べやすく2〜3等分に切る。

❹　つぶして皮をむいたニンニクとオリーブ油30ccをフライパンに入れて、基本通りに色づくまで加熱し、赤唐辛子、ムール貝、アサリを入れる。白ワインを注いで蓋をし、しばらく加熱する。殻が開いたら貝類だけをバットに取り出す。

⇧ニンニクと赤唐辛子は好みで入れなくてもよい。入れないとあっさりとした仕上がりになる。

❺　残った煮汁を少し煮詰めて、オリーブ油30ccを加える。フライパンを回してよく混ぜ、濃度のある白濁したソース状にする。これを別にとって冷ましておく。

⇧これが旨みの素となる。なお、貝の砂が残っている場合があるので、別にとっておくさいに、最後の少量は残して使わないこと。

❻　湯に1%の塩を加えて沸騰させる。4等分したホタテ貝を入れたら火を止めて余熱で火を入れる。表面が白くなる程度が目安。

⇧冷凍品を使う場合は、湯に白ワインとレモン各少量を加えておくと、風味がよくなる。

❼　エビ、イカも同様にして火を入れて、ペーパータオルにとって水気をきる。

⇧種類別に余熱で火を入れる。魚介類の加熱オーバーは禁物。火が入りすぎると身がかたくなって旨みが損なわれる。

❽　材料をすべてボウルに入れる。貝類は殻から身をはずしたさいに出た汁も残さず加える。味をみて、塩、コショウをふり、イタリアンパセリ、レモン汁、EXV. オリーブ油を加えて、そのつどよく混ぜ合わせる。

❾　残しておいた⑤の煮汁を、好みで加えて混ぜ合わせる。なお、材料がまだ生温かい状態で和えて、しばらくおいたほうが味がよくなじむ。

⇧できれば冷蔵庫に入れず、常温の状態で提供する。

antipasto｜魚介

イワシのベッカフィーコ

Sarde al Beccafico サルデ アル ベッカフィーコ

詰め物を巻いたイワシを香ばしく焼き上げた前菜。料理名のベッカフィーコとは、開いた素材を巻き込んで調理するシチリア特有のスタイルである。本来はマイワシよりも小さいカタクチイワシを開いて使う。
ピンと立った尾がシチリアの野鳥「ベッカフィーコ」に形が似ているというのがその由来だ。またこの言葉自体には、洋服の「肩章」という意味もある。中の詰め物は、レーズンや松の実を加えたもので、甘酸っぱさがイワシの風味によく合う。このほかに薄くたたいたカジキマグロや仔牛肉、細かく刻んだイカやエビを混ぜるといったアレンジもできる。家庭で使うならば、主菜として提供できるくらいボリューム、食べ応えがある料理だ。

材料　2～3人分
マイワシ…8～10尾
塩、コショウ…各適量
詰め物
　パルミジャーノチーズ、
　　松の実、レーズン
　　…各1つかみ
　パン粉…40g
　玉ネギのソテー＊…½個
　イタリアンパセリ（みじん切り）
　　…2～3本分
　オリーブ油、白ワイン
　　…各30cc
　レモン、オレンジ＊＊…各1個
　塩、コショウ…各適量
ローリエ＊＊＊…適量
砂糖…少量
焼き皿用のオリーブ油…適量

＊みじん切りにしてオリーブ油少量でしんなりするまで炒めて冷ましておく。
＊＊果汁（詰め物）と果肉（盛りつけ）を使う。2種類の柑橘の果汁をブレンドして柔らかさのある酸味をつける。
＊＊＊できればフレッシュを用意する。

作り方

❶ まずイワシをおろす。イワシはウロコを落とし、頭を斜めに切り落とす。腹を斜めに切り、ここから内臓をかき出す。

❷ 中骨の上に包丁を入れて、中骨に沿うように尾まで切り進めて片身をはずす。

❸ まな板に中骨を伏せて置き、同様にしてもう片身を切りはずす。

❹ 身の腹側には、腹骨が残っているので、包丁を斜めに当てて薄くすき取る。三枚おろし完了。

⇧ここまではイワシを扱う基本プロセスなので、きちんとマスターしておきたい。

❺ 身の厚い背側に包丁を入れて切り開き、均等な厚さにする。

❻ 最後は切り離さないように注意。端をつけたままにして背側の身を開く。同様にすべてのイワシを準備してバットに並べる。

⇧身が厚いと巻きづらいので、薄く開く。

❼ 詰め物をつくる。ボウルに詰め物の材料をすべて入れて混ぜ合わせる。レモンとオレンジはそれぞれ½個分の搾り汁を使い、あとは残しておく。

⇧しっとりまとまる程度にかたさを調整する。

❽ イワシの両面に、塩、コショウをふる。身側を上に向けて、❼の詰め物を少量ずつのせ、頭側から巻き始める。

⇧両側から詰め物が出ないように注意。

❾ 残しておいたレモンとオレンジのさらに半量を薄くスライスする。ローリエの葉を間にはさんでイワシの間に詰めていく。最後に残ったレモンとオレンジをイワシ全体に搾りかける。

❿ イワシの表面に砂糖少量をふる。200℃のオーブンに入れて表面には焼き色がついて中が熱くなるまで6〜7分間焼く。

⇧グラニュー糖は甘みづけのためと、きれいな焼き色をつけるためにふる。

antipasto｜魚介

イワシのマリネ

Marinato d'Alici　マリナート ダリチ

新鮮なイワシが手に入ったら、ぜひおすすめしたいのが、イワシを生のまま使ったマリネ。
生とはいっても、まず塩でしっかり身を締めて、酸味のあるマリネ液に浸けるため、脂っぽさやクセは気にならない。
そのままアンティパストに、また野菜と組み合わせてサラダにするなど、いろいろアレンジできる。
油に漬けた状態で1週間から10日間は保存がきくので、
鮮度のよいイワシが安く手に入ったときに、まとめてつくっておくと重宝する。

材料　約4人分
イワシ…8尾
マリネ液＊
　白ワインヴィネガー…500cc
　砂糖…60g
　ローリエ…1枚
　赤唐辛子（半分に割って種を除く）
　　…1本
　ニンニク（つぶして皮をむく）
　　…1片
塩…適量
EXV. オリーブ油…適量
イタリアンパセリ（粗みじん切り）
　…適量
赤唐辛子（粉末）…適量

＊ローズマリーやセージなどの、フレッシュのハーブを加えてもよい。

作り方

❶ マリネ液をつくる。材料をすべて鍋に入れて火にかける。一煮立ちしたらでき上がり。火を止めてそのまま冷ます。
⇧白ワインヴィネガーの分量のうち、100ccを白ワインか水にかえると、酸味がおだやかになる。

❷ バット一面に塩を写真程度まんべんなくふっておく。

❸ イワシは頭を落として三枚におろし、腹骨をすき取る（→70頁イワシのベッカフィーコ）。イワシの肩口から皮をつまむ。

❹ 身を押さえながら、そのまま皮を引っ張るときれいにむける。順次②のバットに並べていく。

❺ 並べ終えたら上からも塩をまんべんなくしっかりめにふる。そのまま常温で30～40分間おく。
⇧余分な水分を抜いて生臭みを抑えるために塩をふる。たっぷりと多めにふって、しっかり身を締める。
⇧室温が高い場合は、冷蔵庫に入れる。

❻ ①のマリネ液が完全に冷めたら、ボウルに入れ、水気をきったイワシを浸ける。このまま夏場なら40分間、冬場なら1時間おく。

❼ 次にイワシを油に浸ける。まずバットにあらかじめEXV.オリーブ油を少量注いでおく。
⇧イワシが完全に油に浸かっていないと空気にふれて傷みやすくなる。充分油が回るように、まずバットに油をはる。

❽ イワシをバット一面に並べる。1段並べたら上からさらに油を回しかけ、さらに並べる。常温で1日おいてでき上がり。皿に盛り、EXV.オリーブ油をかけ、イタリアンパセリをふって赤唐辛子をふる。
⇧完全にイワシが油に浸かるような状態を保つ。

[バリエーション]
イワシのマリネ＋野菜

材料

イワシのマリネ1.5尾分　トマト¼個　キュウリ¼本　セロリ⅙本　ニンジン少量　塩、コショウ、レモン汁、オリーブ油各適量　アサツキ（小口切り）適量

作り方

イワシのマリネと野菜を組み合わせるだけで、手軽なイワシのサラダができる。トマト、キュウリ、セロリ、ニンジンなどとともに、塩、コショウ、レモン汁、オリーブ油で和える。イワシに合うよう、アサツキの小口切りを散らしてすすめる。

antipasto｜魚介

タコとセロリのサラダ

Insalata di Polpo　インサラータ ディ ポルポ

夏にぴったりのさわやかなサラダである。タコはあらかじめじっくりと煮込んでいるため、おどろくほど柔らかい。
シャキシャキした歯応えのセロリと組み合わせて、食感の対比をつけた。
タコを柔らかく煮上げるには、火加減がポイント。
けっして煮汁が沸騰しないように、ごく弱火で静かに煮込んでいくこと。
なお、煮汁に浸けておけば、1週間は保存が利くので、まとめて仕込めばほかの料理にも応用ができて便利。

材料
タコ＊…1杯（約700～800g）
サラダ油…500cc
ニンニク…4～5片
香味野菜
　玉ネギ…1個
　ニンジン…1本
　セロリ…2本
ホールトマト（汁ごとつぶす）
　…200cc
岩塩…1つかみ
ローリエ…2枚
黒粒コショウ…少量

サラダ用の材料　1人分
下煮したタコの脚
　…1本弱（80g程度）
セロリ（小口切り）…小1/4本
玉ネギ（薄切り）…少量
黒オリーブ（粗みじん切り）
　…2～3粒
イタリアンパセリ（粗みじん切り）
　…1枝分
レモン汁…1/4個分
塩、コショウ…各適量
EXV. オリーブ油…少量

＊生タコを使用。市販のゆでダコを使う場合は、事前に湯にくぐらせるプロセス❶は必要ない。

作り方

❶ タコは吸盤に砂がついていることがあるので、タワシでよく洗う。沸騰した湯の中にさっとくぐらせる。表面を霜降り状態にするためなので、湯の温度を下げないために1杯ずつ行なう。

⇧生タコは、表面を霜降り状態にしておかないと、煮ている間に皮がむけやすい。

❷ 大きな寸胴鍋にサラダ油を入れて、適宜に刻んだニンニク、香味野菜の玉ネギ、セロリ、ニンジンを入れて炒める。

❸ 充分に香りが出たら、①のタコを入れる。

⇧丸のままタコを煮るため、鍋は充分に余裕のある大きなものを使う。
⇧カットして煮ると、旨みが逃げやすいだけでなく、煮汁にふれる断面がかたくなってしまう。

❹ ホールトマトと水を加え、岩塩、ローリエ、黒粒コショウを入れる。

⇧水の量は、タコが完全に隠れるように調整する。

❺ 一度グラッときたら、すぐに火を弱め、写真のように表面が動かない静かな状態(85～90℃)で煮る。

⇧柔らかく仕上げるには、煮る間の火加減が大切。
⇧表面にできた油の膜が落とし蓋がわりとなる。

❻ 30～40分間ゆっくりと煮込み、竹串がスッと通るようになればよい。煮汁に浸けたまま冷ます。

⇧長期間保存する場合は、自然に冷ますのではなく、鍋ごと氷水に浸けて、一気に冷やしたほうがよい。

❼ サラダをつくる。冷やしておいたタコをぶつ切りにする。

❽ オリーブは手でつぶして、中の種を取り出して粗く刻む。

❾ すべての材料をボウルに入れて、まず塩、コショウで下味をつけて充分に混ぜ合わせる。

⇧塩、コショウを加える前にオリーブ油を入れると、塩が溶けにくくなる。

❿ 次にレモン汁を搾り入れてよく混ぜ合わせてから、レモン汁の2～3倍量のEXV.オリーブ油をふり入れて、再度よく混ぜ合わせる。充分に冷やした皿に盛りつける。

antipasto 魚介

イカと季節野菜のグリル

Calamari e Verdure alla Griglia　カラマリ エ ヴェルドゥーレ アッラ グリーリア

イカと野菜をさっとグリルして、オリーブ油とバルサミコ酢をかけるだけ。
実にシンプルな調理法で素材の味を楽しむ前菜だ。
コウイカのように身の厚いタイプではなく、ヤリイカのような種類がグリル向き。
ヤリイカやケンサキイカ、シロイカやスルメイカなど旬のイカを選ぶ。
いずれも鮮度のよいものを仕入れ、少し色が白く変わる程度に浅めに火を入れるのがコツ。
火入れ加減がイカの味を決めるポイントとなる。

材料　1人分

イカ＊…小1杯
ナス…½個
ズッキーニ…¼本
赤パプリカ＊＊…少量
塩、コショウ、オリーブ油
　…各適量
EXV.オリーブ油…適量
バルサミコ酢…適量
セルフイユ…少量

＊イカは鮮度のよいものを選ぶ。
＊＊野菜は上記以外でも可。アスパラガス、キャベツ、マッシュルーム、カボチャなど、季節の野菜を数種類用意する。

作り方

❶ イカをさばく。まず胴体のエンペラがついている側に脚のつけ根があるので、指を入れてこれをはずす。脚を引っ張り、内臓ごと抜き取る。

❷ 同じく胴体のエンペラ側にプラスティック状の軟骨がついているので、指で引き抜く。

❸ 胴体を処理する。指でこすると表面の皮がむける。斑点模様のある皮の下に、もう1枚白い薄皮があるので、一緒にむき取る。胴体は中央から切って広げて水洗いする。エンペラをはずして皮をむく。
⇧皮がむきにくいときは、流水に当てながらむくとよい。

❹ 頭と脚の処理をする。目の下にくちばし状の身があるので、これを引っ張ってはずす。その下に三角形の身がついているので、突起部分を引っ張って取る。以上はすべて食べられるので、別にとっておく。

❺ 目から上についている内臓を切り取る。脚を広げて逆さに持って、真ん中を押すとかたい口が出てくるので、これを取り除く。

❻ ボウルに水を用意し⑤の脚を入れる。水の中で目玉を根元から押してつぶし、きれいに洗う。
⇧墨が飛んで周囲が汚れることがない。

❼ さばき終えたイカ（1杯分）。食べられる部位は残さずに使う。胴体は食べやすいように切り分け、表面に数本切り目を入れる。脚はつけ根に切り目を入れて開く。
⇧胴体に切り目を入れると加熱しても丸まらない。

❽ 野菜は食べやすいように縦に細切りにする。塩、コショウ、オリーブ油をまぶして、熱したグリル板にのせる。焼き目がついたら、格子模様になるように向きを変えて置きなおし、さらに焼く。全面をしっかり焼き上げる。
⇧グリル板がないときは、焼き網を利用してもよい。

❾ 野菜が焼けたら、イカに塩、コショウをふってグリル板にのせる。すぐに縮んでくるので、裏返してさっと焼く。イカは焼きすぎないこと。
⇧作業のタイミングとしては、野菜に8割まで火が入ったら、イカをさばき始めるとよい。

❿ 皿に盛りつけて、EXV.オリーブ油とバルサミコ酢を回しかけ、セルフイユを飾る。

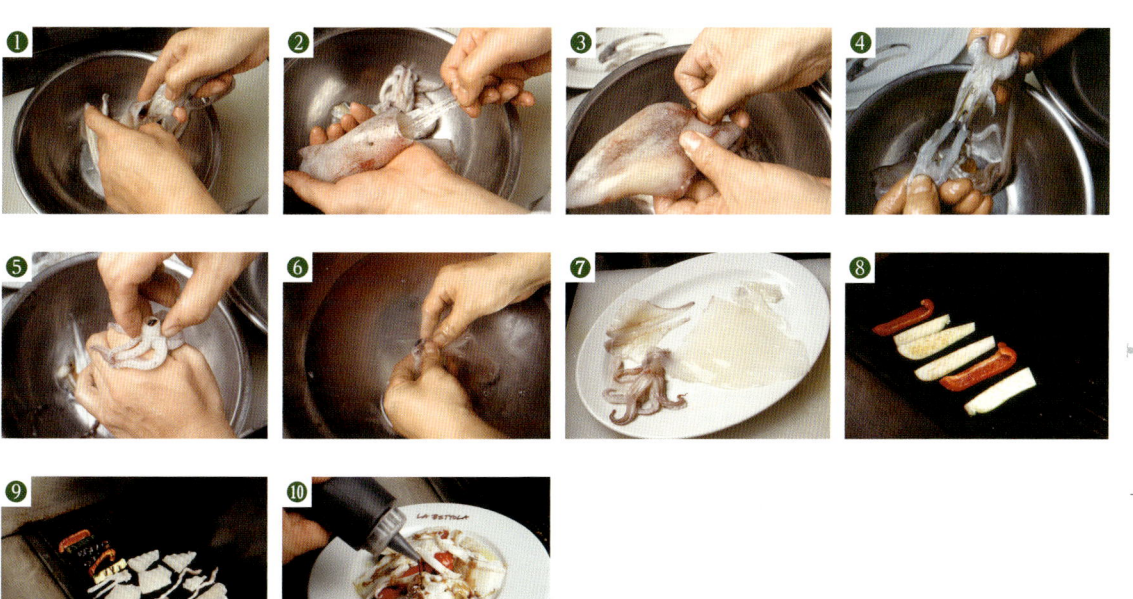

antipasto 魚介

ムール貝のワイン蒸し

Cozze alla Marinara コッツェ アッラ マリナーラ

ムール貝は1年中手に入るが、とくに5〜6月にかけては、身が大きくなって旨みもぐっと増す。
ちょうどアサリの旬が終わる頃なので、かわりの貝類としてパスタやスープ、煮込みなどに幅広く使いたい。
ムール貝の定番料理といえば、まずワイン蒸しである。
ふっくらとした身の味わいはもちろん、貝から出る汁が醍醐味だ。
凝縮した旨みを存分に味わえるように、貝を加熱したあとで余分な水分を飛ばし、
香り高いEXV.オリーブ油を混ぜ込んで、トロリと乳化したソースをつくる。

材料　1人分

ムール貝…10〜14個
オリーブ油…30cc
ニンニク…1片
赤唐辛子…½本
イタリアンパセリ（みじん切り）
　　…少量
白ワイン…50cc
EXV.オリーブ油…30cc

作り方

❶ ムール貝の下処理をする。黒い紐状のものが出ている場合は、引っ張って取り除く。流水の中で殻同士をこすり合わせて表面の汚れを洗い落とす。
⇧殻の旨みまで流れ出てしまうので、時間をかけずに手早く。

❷ ニンニクをつぶして皮をむき、オリーブ油を注いで弱火で加熱する。香りと旨みが充分に出たら火を止める。2、3等分にした赤唐辛子(種を抜く)、イタリアンパセリを加える。

❸ 強火にして、下処理した①のムール貝を入れる。

❹ さらに白ワインを加え、蓋をして加熱する。
⇧蓋をするのは、フライパンの中に火が入らないようにするため。火が入ると、白ワインのアルコール分だけでなく、油も燃えるので、独特のこげくささがついてしまう。

❺ しばらく加熱して貝の殻が開いてきたら蓋をはずし、さらに加熱する。ムール貝を加熱するとともに、煮汁の水分を飛ばす。すべて殻が開いたら、ムール貝だけを取り出す。
⇧ムール貝の身は加熱しすぎに注意。場合によってはフォークなどでつついて殻を開きやすくし、極力個体ごとの加熱時間の差をつけないようにする。

❻ 煮汁の仕上げをする。ムール貝から塩分が出ているので、味を確認する。塩味が強ければ煮汁を少量捨てて水を足して調整する。EXV.オリーブ油を加える。

❼ 弱火にしてフライパンを回しながら、充分に混ぜ合わせる。
⇧新たに加えた EXV. オリーブ油と煮汁を充分混ぜ合わせて、トロリと乳化したソースをつくる。

❽ 全体が白っぽくなり、濃度のあるトロリとしたソースができ上がった。

❾ 盛りつけたムール貝の上から回しかける。最後にイタリアンパセリをふる。

魚介のガスパシオ

Gazpacho di Pesce ガスパチョ ディ ペッシェ

トマト風味で具だくさんの冷たいサラダ。
さわやかで口当たりがよく、食べやすいので、とくに夏場や残暑の厳しい時期におすすめの前菜である。
魚介は車エビとホタテ貝を使う。
いずれも加熱しすぎて、身がかたく締まらないように、また旨みが逃げないように、短時間でサッと火を通すこと。
なお、つくってからしばらく冷蔵庫に入れて味をなじませるが、
時間をおきすぎると、野菜から水分が抜けて食感が悪くなるので注意する。

材料　2～3人分

- 車エビ…6尾
- ホタテ貝…6個
- 香味野菜＊、レモン汁、白ワイン…各適量
- 玉ネギ＊＊…¼個
- キュウリ（小角切り）…¾本
- トマト（1cm角）…1.5個
- セロリ（粗みじん切り）…½本
- 赤パプリカ（粗みじん切り）…¼個
- ジャガイモ（1cm角）＊＊＊…1個
- ホールトマト（汁ごと裏漉しする）…400cc
- EXV. オリーブ油…100cc
- ワインヴィネガー（白または赤）…約30cc
- タバスコ…適量
- 塩、コショウ…各適量
- イタリアンパセリ（粗みじん切り）…少量

＊玉ネギ、セロリの薄切り、パセリの軸など。切れ端で充分。
＊＊本来はニンニクをきかせるが、風味がきつく感じられるので、かわりに玉ネギを使っている。
＊＊＊ジャガイモは皮つきのまま丸ごとゆでて冷ましておく。

作り方

❶ 車エビの下処理をする。背側を向けて、頭から3番目の殻の継ぎ目に横から竹串を差し込む。背ワタがひっかかったら、親指で押さえて手前に少し引っ張る。

❷ 続いて向こう側に引っ張って、背ワタを取り残さないようにする。ホタテ貝は殻をはずして周囲のワタとヒモを取り除き、貝柱だけにしておく。

❸ 鍋に湯を沸かして、玉ネギ、セロリなどの薄切り、レモン汁、白ワインを少量加える。一度煮立ったら火を止めて車エビを入れる。
⇧香味野菜やワインを加えて、風味をアップする。
⇧車エビの身がかたく締まるので、火を止めて湯の余熱でかき混ぜながら加熱する。

❹ 殻の色が赤く変わったらすぐに取り出し、余熱をとるために氷水に浸ける。同様にしてホタテ貝もさっと火を通して氷水にとる。中は半生の状態でよいので、表面の色が白く変わったらすぐに引き上げること。

❺ トマトは皮を湯むきして種を取り除き、1cm角に切る。ゆでたジャガイモは皮をむき、トマトと同じくらいの大きさに。玉ネギは香りが立つように、ナイフで刻むのではなく、手で細かくちぎる。

❻ キュウリは小さめの角切りにする。セロリはナイフでたたいて繊維をつぶして香りを出してから粗みじん切りにする。赤パプリカもセロリと同じくらいの大きさに切る。

❼ すべての野菜をボウルに入れて、塩を多めにふり入れて全体を混ぜ合わせる。さらに裏漉ししたホールトマトを加えて混ぜる。

❽ 次に EXV. オリーブ油を加えて、全体がトロリとするまで、よく混ぜ合わせる。
⇧水と油分が白っぽくドレッシング状に乳化するまで、充分混ぜ合わせる。

❾ ワインヴィネガーとタバスコ、香りづけの黒コショウを加えて混ぜる。味を確認しながら分量を調節すること。
⇧ボウルの底に氷水を当てて冷やしながらつくるとよい。

❿ 最後に水気をふいた④のホタテ貝（2等分に切る）、車エビ、イタリアンパセリを加えて混ぜる。冷蔵庫に入れてしばらく冷やし、味をなじませる。提供時は再度充分に混ぜてから盛りつける。

antipasto | 魚介

81

地鶏の冷製ツナソースかけ

Pollo Tonnato ポッロ トンナート

ツナの油漬けの缶詰を使ってソースをつくり、ゆでた肉にかけた冷たい前菜。
暑い時期にはおすすめの一品。あらかじめ仕込んでおけるのですぐに提供できる。
イタリアではゆでた仔牛肉を使うのが一般的だが、あっさりしたタイプの肉ならば、ほかの肉でも合う。
ここでは鶏胸肉を使ってみた。
ソースの味のポイントは、最初の玉ネギの炒め方にある。
こがさないように、絶えず木ベラで混ぜながらじっくりと炒め、旨みを引き出すことが大切だ。

材料　6人分
鶏胸肉＊…1kg
水、塩、香味野菜＊＊…各適量
ツナソース
　玉ネギ（粗みじん切り）…1/2個
　オリーブ油（またはサラダ油）
　　…50cc
　ケッパー…30g
　白ワイン…300cc
　アンチョビー…3枚
　ツナの缶詰…1缶（225g）
　マヨネーズ…150cc
　生クリーム…少量
　塩、コショウ…各適量
ラディッシュ、ケッパー…各適量

＊鶏胸肉のほか、仔牛肉、豚ヒレ肉、七面鳥なども合う。
＊＊香味野菜は、野菜の切れ端やくずで充分。ニンジンの葉の根元や玉ネギの皮などを利用する。

作り方

❶ 鶏胸肉は表面の皮をはぐ。

❷ 鍋に湯を沸かして、塩、香味野菜を加える。鶏胸肉を入れて弱火で5分間ゆでる。蓋をして火を止め、余熱で火を入れる。
⇧ゆで汁の中で蒸らすように余熱でゆっくり加熱すると、肉がパサつくのを防げる。
⇧沸騰した湯の中に鶏胸肉を入れて火を止めて、余熱で火を入れてもよい。

❸ ツナソースをつくる。玉ネギをオリーブ油で炒める。弱火で色づけないように注意。しんなりしてきたら、ケッパーを加えてさらに炒める。
⇧弱火にかけて絶えず木ベラでかき混ぜながら、水分を飛ばし、玉ネギの甘みを凝縮させる。

❹ アンチョビーを加えてざっと混ぜてから、ツナを加える。缶の中の汁も少量加える。

❺ 木ベラでツナを粗くつぶしてから、白ワインを加える。ツナ全体が浸かるように分量を調節すること。このまま弱火で煮詰める。

❻ 写真のように煮汁が残り少なくなってきたら仕上がり。

❼ ムーラン（裏漉し器）でペースト状にする。マヨネーズを混ぜ、生クリーム、塩、コショウで味を調えて冷やす。②の鶏胸肉を薄切りにして皿に並べ、ソースをかけ、飾りに薄切りのラディッシュ、ケッパーをのせる。

地鶏と黒豚のテリーヌ
Terrina di Pollo e Maiale　　テッリーナ ディ ポッロ エ マイアーレ

テリーヌは生の肉に各種調味料を混ぜ込み、テリーヌ型に詰めてオーブンで焼き上げた料理。
つくりおきがきき、短時間で提供できるので、前菜として用いられる。
ただし仕込むときの焼き時間がかかり、火の通り具合や味加減の見極めがむずかしい。
そこでここでは、肉を加熱してからペースト状にしてテリーヌ型に詰めるという手軽なつくり方を解説する。
調理道具も最低限フライパンとフードプロセッサーがあればよい。
あとは冷蔵庫で冷やし固めるだけの手軽さだ。

材料　テリーヌ型1台分
鶏モモ肉＊…4枚（1.3kg 程度）
鶏レバー…260g
豚ロース肉…260g
セージ…1枝
塩、コショウ、強力粉、
　サラダ油…各適量
白ワイン、ブランデー…各適量
生クリーム…200cc
無塩バター…100g
強力粉…各適量
トリュフオイル…適量
つけ合せ（サラダ菜、ラディッシュ、
　ニンジン、キュウリのピクルス）
粒マスタード、
　粗挽きの粒コショウ、
　EXV. オリーブ油…各適量

＊鶏は胸肉ではなく、旨みの濃いモモ肉を使う。脂身や皮が気になるなら、少し取り除いてもよい。

作り方

❶ 鶏レバーを切り開いて、内側に残っている血管や血の塊を取り除く。塩、コショウをふって、強力粉をまんべんなくまぶしつける。
⇧血が残っていると苦みの原因になる。
⇧周りにまぶした強力粉がテリーヌ生地のつなぎとして働く。

❷ フライパンにサラダ油30ccをひいて熱し、鶏レバーを入れる。セージを加え、香りを油に移してレバーを焼く。中までしっかり火が通ったら、ブランデー少量をふり入れる。強火にしてアルコール分を飛ばす。

❸ 別のフライパンにサラダ油30ccをひいて熱し、塩、コショウをした鶏モモ肉を皮側から焼く。薄い焼き色がついたら裏返して、余分な油を捨てて、180℃のオーブンに入れて中までしっかり火を通す。取り出してブランデー少量を注ぎ、強火でアルコール分を飛ばす。
⇧焼き色を濃くつけると、仕上がりのテリーヌの色が悪くなるので注意する。
⇧フライパンでは表面に焼き目をつけるのみ。火入れはオーブンで。

❹ 豚ロース肉に塩、コショウをふり、強力粉をまぶして、③の鶏肉と同様にフライパンで焼く。180℃のオーブンに入れて火を通し、仕上げに白ワイン40ccを注いで、強火でアルコール分を飛ばす。
⇧豚肉にも焼き色は濃くつけない。フライパンでは焼き目をつけるのみ。火入れはオーブンで。

❺ ②の鶏レバー、③のモモ肉、④の豚ロース肉を取り出して冷ます。残った煮汁を合わせて火にかけ、煮詰める。
⇧肉の焼き汁は旨みのもと。しっかり煮詰めて水分を飛ばしておかないと、仕上がりが水っぽくなる。

❻ ⑤の火を弱めて生クリームを加える。煮立ってきたら、角切りのバター60gに強力粉をまぶして加え、ゴムベラで混ぜながら溶かしてとろみをつける。ボウルに移して氷水に当てて冷ます。

❼ 冷ました鶏モモ肉と豚ロース肉をそれぞれ小さく切り、少量ずつフードプロセッサーにかける。⑥を少し加えては回すことを繰り返し、ボウルに移す。
⇧完全になめらかにせず、肉の粒を少し残す。

❽ 鶏レバーはフードプロセッサーに入れ、残りのバター40gを少しずつ加えてペースト状にする。⑦のボウルに入れてゴムベラで均等に混ぜる。塩、コショウをして味を調え、風味づけにトリュフオイルを加えて混ぜる。
⇧冷製の前菜なので、塩をやや強めにきかせておく。

❾ テリーヌ型にラップフィルムを敷いて、テリーヌ生地を少しずつ詰める。ときおり型をとんとんと下にたたきつけて中の空気を抜く。縁まで詰めたら、表面を平均にならす。
⇧空気が入ると腐敗につながるので注意。

❿ ラップフィルムを折り返して包み、上に厚紙をのせ（型の内径に合わせる）、軽く重しをして、一晩冷蔵庫で冷やし固める。提供時に切り分けて、つけ合せ類と粒マスタードを添え、コショウをふり、EXV.オリーブ油を少量かけて提供する。

牛肉のカルパッチョ
Carpaccio di Manzo　カルパッチョ ディ マンゾ

カルパッチョはイタリアのヴェネチア生まれ。牛生肉の色が画家ヴィットーレ・カルパッチョの色彩の特徴である赤色に似ているため、こう名づけられた。原型は生の牛肉を薄切りにして平皿に並べたものだったが、現在では肉や魚介類を薄切りにしてサラダ風に食べる料理をカルパッチョと呼んでいる。
日本でもすでにおなじみだが、素材を生のまま提供するので、暑い時期は注意しなければならない。
ここでは牛肉とルーコラ、薄切りのパルミジャーノチーズという定番の組み合わせを紹介する。
ルーコラとチーズは個性が強いので、バランスを考えて分量を調節するとよい。

材料　1人分
牛イチボ肉＊…60g
ルーコラ＊＊…2枝
パルミジャーノチーズ…適量
EXV. オリーブ油…大さじ1.5
レモン…¼個
塩、コショウ…各適量

＊牛肉はフィレであれば上等だが、価格的に見合わなければ、イチボがおすすめ。イチボは臀部の腰骨あたりの部位で、適度にサシが入って柔らかいのが特徴。
　生食用食肉の加工規格基準に適合した牛肉を使用すること。
＊＊ルーコラ・セルヴァティコと呼ばれる野生種のルーコラを使用。一般のタイプよりも独特のほろ苦さがあり、風味が高い。

作り方

❶ 牛イチボ肉は塊から薄く切り出すが、そのまま薄切りにすると、1枚が大きくなって食べにくいので、まず繊維に沿って、3～4cm幅に切り分ける。

❷ 端から厚さ1～2mmの薄切りにする。
⇧こうすると肉の繊維を断つように切ることになり、食べやすくなる。

❸ 冷やしておいた皿に薄切り肉を並べる。少し広げるようにして、一面に敷き詰めるように並べていく。

❹ 上から塩、コショウをまんべんなくふる。
⇧1ヵ所にかたよらないように均等に。

❺ ルーコラを4～5cmの長さに切って、肉の上に散らす。野生種のルーコラの軸はかたいので、葉の部分だけをつまんで使う。
⇧ルーコラは個性の強い野菜。分量が多すぎると、肉の味を打ち消してしまうので、バランスを考えること。

❻ パルミジャーノチーズを薄切りにする。肉の大きさよりも小さめにし、肉1枚にチーズを1枚ずつのせて食べられるように、適宜枚数を用意する。ルーコラの上に均等にのせる。
⇧厚いと味がくどくなるので、薄く切る。

❼ EXV.オリーブ油を回しかける。

❽ EXV.オリーブ油はパルミジャーノチーズの上にのせるような感じでかける。レモンを添えて提供する。
⇧油っぽくなるので、多くかけすぎないこと。

[コラム]

こんな風に提供したら

調理がシンプルなので、一部を客席で見せながら提供するのもアイデアの一つで、高い演出効果がねらえる。この場合は、ドレッシングをあらかじめつくっておいてかけるスタイルがおすすめ。

まず皿に牛肉（塩、コショウなし）、ルーコラ、チーズを盛りつけたら、調味料とともに客席に運ぶ。

客席でドレッシングをつくって、回しかけて提供する。

温かいオムレツ

Frittata Calda フリッタータ カルダ

フリッタータはイタリアの玉子焼き。大きく焼いてそのつどカットして提供するのが一般的なスタイルだが、今回は1人分ずつ焼いて温かいまま出すというスタイルを紹介しよう。
イタリアでは伝統的にフリッタータは軽くて胃にやさしい料理とされている。
あまり食欲がない、あるいはメインは軽く済ませたいときにすすめる定番の料理だ。
前菜にもメインにも使えるが、いずれの場合も、手早く焼き上げて、温かいうちに提供したい。

材料　1人分
全卵…2個
玉ネギ（薄切り）…1/8個
バジリコの葉＊…3～4枚
トマトソース（→27頁）…大さじ1
パルミジャーノチーズ…約10g
オリーブ油…適量
トマトソース、バジリコの葉
　…各適量

＊バジリコの葉のかわりに、マッシュルームやズッキーニ、赤パプリカなどを入れてもいい。その場合は薄切りにして、最初に玉ネギと一緒に炒めておく。

作り方

❶ フライパンにオリーブ油をひき、中火で玉ネギを炒める。
⇧このフライパンで卵を焼くので、1人分に適した小さめのものを使うこと。

❷ 並行して卵液の準備をする。ボウルに卵を割り入れ、ちぎったバジリコの葉とパルミジャーノチーズを加える。
⇧バジリコは包丁で刻むよりも、手でちぎったほうが香りがよくなる。

❸ さらに冷たいトマトソースを加えて混ぜ合わせる。

❹ ①の玉ネギがすき通ったら、オリーブ油を少し足す。
⇧卵は油を吸収しやすいので、多めに入れておかないと、フライパンにくっついてしまう。また油は一種の調味料でもある。卵に含ませると、ふっくら焼き上がる。

❺ 油が熱くなってこげ始める寸前に、③の卵液を一気に流し入れる。

❻ すぐに全体をゴムベラでかき混ぜて、半熟状態にする。

❼ 均等な厚さに平らにする。丸く形を整える。しばらく加熱して、焼き色をつける。
⇧ゴムベラで卵の端を持ち上げてみて、裏側に薄い焼き色がついていたらOK。

❽ 下にヘラを差し入れて、フライパンを前後に動かし、反動をうまく使って、くずさないように裏返す。
⇧裏返す前に、鍋肌に沿って油を少したらし入れて、卵を滑りやすくしておくとスムーズに返せる。

❾ 両面にきれいな焼き色がついたら、皿に移す。温めたトマトソースをかけて、バジリコの葉を飾る。
⇧イタリアではしっかりかたく焼き上げるのが一般的だが、好みで半熟に仕上げてもいいだろう。

antipasto 卵

トマトとアスパラガス入り目玉焼き トリュフ風味

Uova in Tegamino con Mozzarella　ウォーヴァ イン テガミーノ コン モッツァレッラ

トマトとグリーンアスパラガス、そしてチーズと卵。
味、彩りともに相性のよいもの同士を組み合わせた温かい前菜。
そのままならば素朴なイメージだが、卵によく合うトリュフの風味をきかせて贅沢に仕上げた。
トリュフは、油に香りを移したトリュフオイルを使用。
さまざまな料理に幅広く使えるので、1本備えておくと便利だ。
なお、耐熱皿で焼く料理は、まずコンロの直火で熱くしてからオーブンに入れる。これがスピードアップのコツ。

材料　1人分

全卵…2個
オリーブ油…10cc
トマトソース（→27頁）…30cc
塩…1つまみ
モッツァレラチーズ…40g
グリーンアスパラガス＊…1本
パルミジャーノチーズ…15g
トリュフオイル（市販）＊＊…少量

＊下部のかたい皮をむいて塩ゆでしておく。
＊＊オリーブ油に白トリュフを浸けて香りを移した製品。フレッシュのトリュフはかなり高価だが、オイルならば使いやすい。パスタや料理の香りづけに利用できる。

作り方

❶ 耐熱皿にオリーブ油をひき、その上にトマトソースを薄く広げる。

❷ モッツァレラチーズを手で小さくちぎって散らす。

❸ あとで卵がバランスよく割り落とせるように、均等に広げておく。

❹ ゆでたグリーンアスパラガスを4等分して上に散らし、卵を割り落とす。塩少量をふる。
⇧あとでふるパルミジャーノチーズの塩分も考えて、このときはやや控えめに。

❺ 上からパルミジャーノチーズをまんべんなくふりかける。

❻ オーブンに入れる前に、皿ごとコンロの直火にかけて加熱する。
⇧直接オーブンに入れると、皿が温まるまでに時間がかかってしまう。事前に直火にかけて、皿と素材をある程度まで温めておくと早い。

❼ 写真のように、卵の周りがグツグツとしてきたら、すぐに180℃のオーブンに移す。

❽ 透明な卵白の表面が白くなったら取り出す。
⇧焼き加減は好みだが、卵黄が半熟状態のほうがおいしい。余熱も考慮して、熱が入りすぎないように。

❾ 皿にのせて上からトリュフオイルをふる。すぐに提供する。
⇧耐熱皿が動かないように、皿の上に紙ナプキンを1枚敷くとサービスしやすい。

antipasto

卵

モッツァレラ・イン・カロッツァ

Mozzarella in Carrozza　モッツァレラ イン カロッツァ

直訳すると「馬車にのったモッツァレラ」。モッツァレラチーズをはさんで焼いたパンに、熱々のバーニャ・カウダのソースをかけた香ばしいスナック風の前菜。バーニャカウダソースのかわりに、溶かしたバターでちぎったアンチョビーを熱したものをかけてもよい。
中にはさむモッツァレラチーズは、生のままサラダにしたり、ピッツァにのせて焼いたり、イタリア料理では幅広く利用する。
手頃な価格のものは牛乳製だが、本来は水牛製（mozzarella di bufala と表記）で、価格は高くなる。

材料　1人分

パン（8mm厚さ）…4枚
全卵…適量
無塩バター…10g
サラダ油…10cc
モッツァレラチーズ…80g
バーニャカウダソース（→32頁）
　…大さじ1

作り方

❶　全卵を溶きほぐして、パンを浸す。

❷　フライパンにバターとサラダ油を入れて熱し、パンを4枚入れる。2枚のパンの上にちぎったモッツァレラチーズをのせ、170℃のオーブンに入れて約2分間焼く。チーズが溶け、パンの下側がこんがり色づいたら、パンを上にのせてチーズをはさむ。

❸　器に盛り、バーニャカウダソースを温めて、上からかける。

第3章

プリモピアット

primo piatto

「プリモピアット」は1番目の皿という意味で、前菜に続くパスタやスープなどの料理のこと。ロングパスタ、ショートパスタ、ニョッキ、詰め物、リゾット、スープなどの定番料理が中心。パスタは刻々と変化する。トロリと旨みを凝縮したソースに、アルデンテにゆでたパスタをタイミングよくからめて、スピーディにサービスしよう。

小柱と野菜入り ニンニクと赤唐辛子のスパゲティ
Spaghetti Aglio Olio e Peperoncino con Capesantine

スパゲッティ アーリオ オーリオ エ ペペロンチーノ コン カペサンティーネ

「ニンニクと赤唐辛子のスパゲティ」といえば、スパゲティの基本中の基本。シンプルな材料と工程で仕上げるパスタだ。すでにマスターしている方も、今一度復習していただきたい。こまめな火力調節とタイミングなど、意外に見落としている大切なポイントが多いかもしれない。ニンニク、オリーブ油、具材などはつねに弱火の加熱が基本となる。この基本のパスタに、具材をプラスしてさまざまなアレンジができる。ここでは独特の食感をもつ小柱と、トマト、ホウレン草を彩りに加えた。

材料　1人分
ニンニク…2片
オリーブ油…30cc
赤唐辛子…1本
イタリアンパセリ（粗みじん切り）
　…1つまみ
トマト（小角切り）…小½個
ホウレン草（ボイル）…適量
小柱＊…60g
スパゲティ…80g
EXV. オリーブ油（仕上げ用）
　…20cc

＊寿司、天ぷら用として販売されているものを使用。一番安価な小粒サイズでよい。

作り方

❶ ニンニクは皮つきのまま、ナイフでたたきつぶす。

⇧皮つきでつぶすと、皮が簡単にむける。
⇧ニンニクはみじん切りや薄切りにしてもよいが、要は風味を出しやすくするのが目的。つぶすと繊維から、風味が出やすくなる。

❷ フライパンにニンニクとオリーブ油を入れる。フライパンを傾けて、ニンニクが油に浸かる状態に。まず強火で一気に熱し、泡が出てきたら弱火にする。

⇧すべてが冷たい状態から加熱を始めないと、ニンニクがすぐこげてしまう。

❸ ニンニクが薄く色づいたら裏返して、さらに弱火でじっくり風味を出す。6～7分間はかかる。

⇧ニンニクが油に浸かるようにし、弱火で加熱することがポイント。強火では芯まで火が入らず、油に焼けた苦みがついてしまう。

❹ ニンニクの芯までほっこりしてきたらOK。竹串で刺すと、スッと通るのが目安。この間に塩を加えた湯でスパゲティをゆで始める。

⇧提供までの時間を逆算してゆで始めること。このタイミングも、シンプルなスパゲティには大事。
⇧湯の塩分は1.5%が目安。少ないと締まりのない味になってしまう。

❺ ❹のフライパンの火を止め、2つに切って種を除いた赤唐辛子、イタリアンパセリ、パスタのゆで汁（玉杓子1杯分）を加える。

⇧ニンニク、赤唐辛子、イタリアンパセリがこげてしまうので、必ず火を止めて加える。

❻ フライパンを回しながら、全体をドローッと白濁したソース状に乳化させる。これで基本のソースが完成。

⇧水と油をよくなじませること。ごくごく弱火にかけてもよい。

❼ スパゲティのゆで上がり1分前になったら、ソースに小角切りのトマト、下ゆでしたホウレン草、軽く塩（分量外）をふった小柱を加える。弱火で数回あおるようにして混ぜる。

⇧小柱、トマトともに火を入れすぎないように。ソースとなじませる程度でよい。

❽ ゆで上がったスパゲティを一気に加える。弱火にかけて、数回あおって混ぜたらでき上がり。

⇧両者が混ざればよいので、ここも手早く。チリチリ音が聞こえてしまったら、火にかけすぎ。

❾ コクを出したい場合は、残ったソースにEXV.オリーブ油を少量加えて混ぜて回しかける。火にはかけない。

⇧フレッシュなオリーブ油の風味を際立たせるテクニック。ただし加える量が多いと油っぽくなるので注意。

primo piatto｜ロングパスタ

春キャベツと菜の花のスパゲティ

Spaghetti con Cavolo e Broccoletti　スパゲティ コン カーヴォロ エ ブロッコレッティ

初春から出回り始める柔らかい春キャベツと菜の花を使ったスパゲティ。
味つけには、アンチョビーとニンニクのソースを使う。これはバーニャカウダで使ったソースと同じもの。
保存がきくので、まとめてつくっておくと、このスパゲティのほか、
肉や魚料理のソースなどに幅広く利用することができる。
なお野菜類はスパゲティをゆでている湯の中で一緒にゆで上げてしまうので手間がかからない。
スピードメニューの一つとして重宝する。

材料　1人分
キャベツ…3〜4枚
菜の花…4〜5本
バーニャカウダソース（→32頁）
　…大さじ2
赤唐辛子…1本
スパゲティ…80g
EXV.オリーブ油（仕上げ用）
　…20cc

作り方

❶ 春キャベツは軽いものを選ぶ。これを半分に切る。
⇧冬キャベツと違って、葉の巻き加減がゆるいほうが葉に甘みがある。

❷ 端から1.5cmのざく切りにする。

❸ 芯のかたい部分は使わないので、取り除いておく。

❹ 赤唐辛子は2つに割って種を取り除く。
⇧これは唐辛子を使うときの基本。種は辛みが強く、口当たりが悪いので、丸ごと1本使う場合でも、事前に取り除いておく。

❺ フライパンにバーニャカウダソースと赤唐辛子を入れて、スパゲティのゆで汁をレードル半分ほど加える。全体を混ぜ合わせて加熱する。
⇧赤唐辛子の分量は好みで調節する。

❻ クツクツというまで加熱して、赤唐辛子の辛みを出す。スパゲティのゆで汁か水を適量加えて濃度を調節する。
⇧ゆで汁だけではソースの塩分が強くなりすぎる場合がある。必ず味を確かめてから判断すること。

❼ スパゲティがゆで上がる1〜2分前に、菜の花とキャベツを同じ鍋の中に入れて、一緒にゆでる。
⇧野菜類が柔らかくなりすぎないように、時間を逆算してゆで始める。

❽ スパゲティと野菜類の水気をきって、⑥のソースの中に入れる。

❾ 火を止め（あるいはごく弱火の状態）、全体をまんべんなく混ぜ合わせる。仕上げにEXV.オリーブ油を加えて混ぜ合わせる。

primo piatto｜ロングパスタ

97

ボンゴレのスパゲティ

Spaghetti alle Vongole　スパゲッティ アッレ ボンゴレ

日本ではアサリ（ボンゴレ）は、ほぼ一年中手に入るが、格段においしくなるのは春先から初夏の時期である。身は柔らかく、旨みが凝縮した汁をたっぷり含んでいてジューシー。こんな時期にこそ、つくりたいのがシンプルなアサリのスパゲティだ。ポイントは煮汁をきちんと煮詰めること。煮汁には油と旨みのあるアサリの水分がたっぷり入っている。これを充分煮詰めておかないと、シャバシャバなスープ状態のままで、スパゲティに旨みが平均に回らない。大量につくる場合は、アサリをまとめて工程❺まで調理し、アサリと汁を別にしておく。注文ごとに1人分の煮汁を取り分けて煮詰め、アサリを戻して同様に調理する。

材料　1人分
ニンニク…1片
オリーブ油…30cc
赤唐辛子…1本
イタリアンパセリ（粗みじん切り）
　…3本
アサリ（殻つき）＊…250g
白ワイン…30〜40cc
スパゲティ…80g
EXV. オリーブ油（仕上げ用）
　…20cc

＊粒が小さいともの足りないし、大きいと身がかたい。中くらいの大きさを選ぶ。一晩塩水に浸けて砂出しをしておく。

作り方

❶ つぶして皮をむいたニンニクとオリーブ油をフライパンに入れて強火にかける。熱くなったら、こげないように弱火にして、芯までほっこりとした状態になるまで加熱する。
⇧串がスッと通るくらいまでじっくりと。

❷ 火を止めたのち、半分にちぎって種を抜いた赤唐辛子と、半量のイタリアンパセリを加える。
⇧こげやすいので、必ず火を止めてから。

❸ すぐにアサリを入れて強火にし、白ワインを回し入れる。
⇧4月中旬のアサリの最盛期ならば、アサリ自身が旨みをたっぷり含んでいるので、白ワインは少なめでもよい。

❹ 蓋をして、殻が開くまで1～2分間加熱する。
⇧白ワインに火が入るのを防ぐために、必ず蓋をする。フライパンを覆える大きさのものなら何でもよい。写真はパイの焼き皿を使用。

❺ 半分ほど殻が開いたら蓋をはずす。そのまま水分を飛ばすように煮て、アサリの身に火を入れる。
⇧煮汁の味をみて、この段階で塩気が強い場合は、煮汁を少し捨てて水を加える。

❻ アサリの殻がすべて開き、水分と油、そしてアサリの旨みが混ざってきた。
⇧加熱しすぎると身がかたくなる。殻が開いた時点ですべて取り出し、煮汁だけを煮詰めてから戻してもよい。

❼ 新たに仕上げ用のEXV.オリーブ油を加えて、フライパンを回しながら混ぜ込む。
⇧最後に火が通っていない生のオリーブ油のフレッシュな風味を加える。

❽ 余分な水分が飛び、油分と水分が乳化して白濁した状態。ここまでドロッとさせると、おいしいアサリのソースが完成。
⇧アサリの身を加熱しすぎないように注意する。

❾ ゆで上げたスパゲティを加えて和える。皿に盛りつけて、残りのイタリアンパセリを散らす。
⇧和えるときは火を消すか、冷めない程度の弱火で行なう。
⇧複数人分をつくったときはアサリの数を均等に盛りつける。

primo piatto | ロングパスタ

シシリア風カリフラワーとアンチョビーのスパゲティ

Spaghetti alle Cavolfiore　スパゲッティ アッレ カヴォルフィオレ

一見それとはわからないが、一口食べると、風味はまさにカリフラワー。シチリアの素朴な家庭料理の一品である。
上にふりかけたのは、パン粉をキツネ色に煎ったもの。南イタリアでは、チーズと同じ感覚でよく使われている。
ソースはカリフラワーを柔らかく煮て粗くつぶし、玉ネギとアンチョビーの風味で仕上げる。
玉ネギを炒めた香ばしさが味のポイントになるが、ここでこがしすぎないように注意したい。
またカリフラワーのゆで汁は風味が出ているので、残さず利用しよう。

材料　1人分

ソース（5〜8人分）
　　カリフラワー…1個
　　オリーブ油…100cc
　　玉ネギ（みじん切り）＊…¼個
　　アンチョビー…½缶（20〜25g）
　　ホールトマト…50cc
　　強力粉＊＊…適量
　　塩、コショウ…各適量
スパゲティ…80g
パン粉…適量

＊玉ネギのかわりに長ネギを使うと、違った風味を楽しめる。
＊＊ソースのとろみづけ用だが、パン粉を使ってもよい。

作り方

❶ ソースをつくる。カリフラワーは小房に分けて、塩少量を加えた湯で柔らかくなるまでゆでる。

❷ 別鍋にオリーブ油と玉ネギを入れて強火にかける。グツグツ音がしてきたら、火を弱め、薄く色づくまで加熱する。

⇧玉ネギをたっぷりの油でから揚げにするように充分加熱する。この香ばしさが全体のおいしさをつくる。こがさないように注意する。

❸ 色づいたらすぐにアンチョビーとホールトマトを加えて、つぶすようにして混ぜ合わせる。

❹ 柔らかくゆで上がったカリフラワーを加える。カリフラワーの風味がついたゆで汁は、あとで使うのでとりおく。

❺ マッシャーを使って、カリフラワーを粗くつぶす。強力粉を少量加え、カリフラワーのゆで汁をひたひたよりやや多めに注ぎ入れて、混ぜながら10〜15分間弱火で煮る。

❻ 軽くとろみがついたら、塩、コショウで味を調えて仕上げる。

⇧煮ている間は常に弱火で。ポコポコ煮立てると、カリフラワーがくずれ、風味も飛んでしまう。

❼ パン粉を空のフライパンに入れる。弱火にかけて、フライパンをゆすりながら、まんべんなくパン粉を色づける。

❽ この程度の香ばしいキツネ色にする。

⇧南イタリアではチーズのかわりにパスタの仕上げにふりかける。とくに魚介類のパスタにふることが多い。

❾ フライパンに⑥のソースを玉杓子2杯程度取り分け、ゆでたスパゲティを加えて和える。皿に盛りつけてから、⑧のパン粉をたっぷりふりかける。

primo piatto｜ロングパスタ

ブカティーニのアマトリチャーナ

Bucatini all'Amatriciana　ブカティーニ アッラマトリーチャーナ

豚肉の塩漬けを加えた辛いトマトソースのパスタをアマトリチャーナという。アマトリチャーナはラツィオ州の山間の町の名で、この町で昔から食べられていた。ブカティーニでつくるのが正統的な食べ方だ。もちろんそのほかのパスタでもいいが、スパゲティならやや太めの麺を選ぶなど、噛み応えのあるタイプが合うようだ。このソースは比較的短時間でできるので、パスタをゆで始めてから準備をすればよい。ただしこまめに火加減を調節して効率的に加熱しよう。なお、パスタ料理の基本として、1人分ずつ仕上げるのが原則。量が多いと時間や味のタイミングがぶれやすい。多くても2人分が上限と考えよう。

材料　1人分

パンチェッタ（7〜8mmの棒切り）＊
　…40g
玉ネギ（薄切り）…少量
赤唐辛子…1本
オリーブ油…少量
白ワイン…30cc
ホールトマト（汁ごとつぶす）
　…200cc
ブカティーニ…80g
パルミジャーノチーズ（仕上げ用）
　＊＊…20g

＊豚肉の塩漬け。なければベーコンで。ただしベーコンは燻製香が強いので、できればパンチェッタかグアンチャーレ（豚ホホ肉の塩漬け）を使いたい。
＊＊チーズはペコリーノ・ロマーノ（羊乳のチーズ）を使うのが正統。

作り方

❶ 冷たいフライパンに玉ネギとパンチェッタ、2つに切って種を抜いた赤唐辛子、オリーブ油を入れる。最初は強火にかけて温度を上げて、温まったら弱火にする。
⇧パンチェッタから脂が出てくるので、最初の油は少なめに。

❷ パンチェッタが写真のように、カリカリの状態になるまで炒める。脂の量が多ければ、ここで少し捨てる。
⇧脂の量はパンチェッタによって違うので、脂っぽい仕上がりにならないように、必ず調節をする。

❸ ここに白ワインを注ぎ入れる。

❹ 強火にして白ワインの水分を煮詰める。
⇧白ワインの酸味が飛び、同時にカリカリになったパンチェッタが柔らかく戻る。

❺ 写真のように水分が少なくなって、フライパンの底にパンチェッタが貼りついたような状態になるまで煮詰める。
⇧しっかり煮詰めておかないと、ワインの酸味が最後まで残ってしまう。

❻ つぶしたホールトマトを加える。強火で加熱し、沸騰したら弱火で煮ていく。
⇧冷たいものを加えたらすぐに強火にし、短時間で沸騰させる。こまめな火力調節は素早い調理の基本原則。

❼ 全体がなじんでトロッとする状態まで弱火で3～4分間煮詰める。ここでは煮詰めすぎないように注意する。
⇧白ワインを加えたらしっかり煮詰め、トマトソースを加えたら煮詰めすぎに注意。

❽ 失敗例。写真のようにピチピチと音がして水分が詰まり、具の輪郭がはっきり出てきてはだめ。また表面に油が浮いてしまったら、パスタソースとしては煮詰めすぎ。
⇧ここまで煮詰めてしまったときは、パスタのゆで汁を少量加えてのばす。

❾ ゆで上げたブカティーニとパルミジャーノチーズを入れる。フライパンをあおるようにして混ぜ合わせる。
⇧ペコリーノ・ロマーノを使う場合は、塩分がやや強いので、ソースの味つけのさいに考慮する。

❿ 皿に手早く盛りつけて、すぐに提供する。

primo piatto｜ロングパスタ

103

スパゲッティ・プッタネスカ

Spaghetti alla Puttanesca <small>スパゲッティ アッラ プッタネスカ</small>

オリーブ、アンチョビー、そしてケッパーでつくる伝統的なトマトソースのスパゲティ。
3つの素材はいずれもイタリアの家庭で常備しているおなじみのものだが、
この料理は複雑な味わいで、しかも簡単にできるのが利点だ。
ぜひおいしいオリーブを奮発して、家庭とは一味違うワンランク上の味を目指そう。
ちなみにプッタネスカは「娼婦」の意味。娼婦が客待ちの合間に、このスパゲティをつくった、
またはお腹をすかせたお客のためにつくった、というのが名前の由来といわれている。

材料　1人分
黒オリーブ＊…15g
ニンニク…1片
赤唐辛子＊＊…½本
オリーブ油…20cc
イタリアンパセリ（みじん切り）
　…少量
アンチョビー…10g
ケッパー（粗みじん切り）…10g
ホールトマト（汁ごとつぶす）＊＊＊
　…200cc
塩…適量
スパゲティ…80g

＊オリーブは黒のほうがコクがある。好みでフレッシュな風味のある緑オリーブを混ぜてもよい。
＊＊赤唐辛子の分量は好みで減らしてもよい。オリーブ、ケッパーなど、それぞれの個性を生かすには、あまり辛くしないほうがいい。
＊＊＊汁ごと果肉をつぶして用意する。

作り方

❶ プッタネスカソースをつくる。まず黒オリーブの種を取り除く。粒が小さいタイプなら、切り分けずに丸ごと使いたいので、ナイフの腹で押しつぶす。

❷ オリーブは果肉が柔らかいので、指で種を簡単に取り出せる。そのほか赤唐辛子は半分にして種を取り、ケッパーは粗みじんに切る。
⇧大粒タイプや果肉のかたい緑オリーブは、切り分けながら種を取り除けばよい。

❸ ニンニクを皮つきのままナイフで押しつぶし、皮をむき、オリーブ油とともにフライパンに入れて火にかける。
⇧フライパンを傾けてオリーブ油にニンニクが浸かる状態にして加熱する。芯まで火が入り、キツネ色になるまで。

❹ 火を弱めて、赤唐辛子、イタリアンパセリを加える。続いてオリーブとケッパー、アンチョビーを加える。

❺ アンチョビーをつぶしながら、全体を混ぜ合わせる。

❻ 火を強くし、ホールトマトを加える。

❼ しばらく煮詰めたら、塩少量で味を調える。オリーブ油の油分がなめらかにトマトと乳化するように混ぜる。
⇧すでにアンチョビーとケッパーが入っているので、塩は控えめに。

❽ ゆで上がったスパゲティの水気をきって加える。

❾ 火を消して、余熱でソースとスパゲティを和える。皿に盛りつけて、イタリアンパセリを散らす。
⇧パスタをソースにからめるときは、パスタにこれ以上火が入らないように、必ず火を消すか、ごく弱火で行なう。

primo piatto｜ロングパスタ

魚介入りトマトソースのスパゲティ
Spaghetti alla Pescatora　スパゲッティ アッラ ペスカトーラ

「ペスカトーラ」は「漁師風」の意味。その名のとおり、盛りだくさんに魚介類が入った豪華なスパゲティ。
もとはナポリ料理だが、現在は全国に広まっている。
今回はホールトマトでトマト味に仕上げたが、トマトを加えずに白ワイン風味に仕上げてもよい。
また具材にはこのほかに、手長エビやタコなど、季節ごとの魚介類を使って仕上げるが、とくに決まりはない。
魚介類を加熱したさいに出る汁が、ソースの旨みの素。しっかりと煮詰めて味を凝縮しておくことがポイントとなる。

材料　1人分
ニンニク…1片
オリーブ油…30cc
赤唐辛子…½本
イタリアンパセリ（粗みじん切り）
　…適量
ムール貝…2個
アサリ…9個
ヤリイカ…小½杯
ホタテ貝…1個
芝エビ…5尾
白ワイン…30～60cc
ホールトマト（汁ごとつぶす）
　…150cc
塩…適量
スパゲティ＊…80g
EXV.オリーブ油（仕上げ用）
　…30cc

＊リングイネでも合う。リングイネは断面が楕円形なので、ソースがからみやすく、食感にも変化が出る。

作り方

❶ つぶして皮をむいたニンニクとオリーブ油を冷たいフライパンに入れ、強火で熱し、熱くなったら火を弱めて芯までほっこり柔らかくなるまでじっくり加熱して、赤唐辛子を加える。
⇧ニンニクはこがさないように、弱火でじっくり火を入れる。

❷ イタリアンパセリを加え、アサリと掃除したムール貝（→68頁魚介のサラダ）を入れる。白ワインを注いで蓋をしてしばらく加熱する。
⇧白ワインの分量は貝から出てくるジュースの分量を見て調節する。春〜初夏ならば、充分ジュースが出るので、加えなくてもよい。逆に水分量が多すぎると、煮詰める間に魚介類に火が入りすぎてしまう危険性もあるので、状況に応じて調節することが大事。

❸ 1〜2個殻が開いたところで、蓋をはずす。そのまま貝類を加熱しながら、煮汁を煮詰めてソースとする。

❹ 最初は水分が多く、まったく濃度がついていない。

❺ しばらく煮詰めると、トロッとした状態になる。同時に殻が完全に開いた。
⇧魚介類の煮汁は、この段階でしっかり煮詰めておく。

❻ ホールトマトを加えて混ぜ、沸騰するまで強火にする。
⇧冷たいものが加わるので、火力が同じでは時間がかかるだけ。ここで必ず強火に切り替える。こまめな火力調節が、スピードアップの要となる。

❼ 沸騰して軽く煮詰まってきたら、エビ、イカ、ホタテ貝を加える。軽く色が変わったら、ソースの塩加減をみて調節する。

❽ 火を止めて（もしくは、冷めない程度の弱火にして）、仕上げにEXV.オリーブ油を加えて混ぜる。

❾ ゆで上げたスパゲティを加えて混ぜ合わせる。皿に魚介類をバランスよく盛りつけ、イタリアンパセリを散らす。

primo piatto｜ロングパスタ

サバとナスのトマトソース

Ragu con Sgombro e Melanzane　ラグー コン スゴンブロ エ メランザーネ

サバとナスという、日本的な組み合わせでつくったトマトベースのオリジナルソース。
今回はスパゲティに合わせたが、リングイネなどにも相性がよい。
旨み出しには、玉ネギではなく、あえて長ネギを使ってみた。少しクセのある長ネギ独特の風味がサバによく合う。
なおサバはある程度形を残しておきたいので、木ベラを使わず、鍋をふって混ぜる。
ナスも煮くずれしやすいので、ソースに加える前に炒めてしっかり焼き色をつけておき、
仕上がりに加えるといいだろう。

材料
サバとナスのトマトソース（4人分）

- サバ＊…1尾（約400g）
- ナス（小角切り）…2個
- 長ネギ（みじん切り）
  …1本（白い部分）
- オリーブ油＊＊…90cc
- ローズマリー…1枝
- 白ワイン…100cc
- ホールトマト（汁ごとつぶす）
  …540cc
- 塩、コショウ…各適量

スパゲティ…80g
EXV. オリーブ油（仕上げ用）
　…20cc

＊サバのかわりにマグロでもよい。
＊＊サバは特有のにおいがあるので、これを抑えるためにオリーブ油は風味の高い良質なものを使用する。

作り方

❶ サバを三枚におろす。身に残っている小骨を骨抜きでていねいに抜き、1cm角に切る。

❷ ナスもサバと同じ大きさに切る。長ネギはみじん切りにする。

❸ 鍋にオリーブ油と長ネギを入れて、弱火でじっくりと加熱する。途中でローズマリーを加えて香りを出す。

❹ 色づいてくる寸前に、サバを加える。塩少量を加えて強火にしてサバを炒める。くずれると旨みが逃げてしまうので、木ベラは使わず、鍋をゆすって混ぜる。なおローズマリーはこの時点で取り除いておく。

❺ サバの色が白く変わったら、白ワインを加えて強火で煮詰める。

⇧ワインの水分をしっかり煮詰めて旨みを凝縮させる。

❻ 鍋底がピチピチと音を立てるまで煮詰めたら、ホールトマトを加える。沸騰するまで強火、そのあとは弱めの中火にして、20～30分間煮込む。

❼ 煮込んでいる間に、ナスの準備をする。フライパンにオリーブ油（分量外）を入れて熱し、②のナスを入れる。焼き色がつくまで炒めて、塩をふる。

⇧炒めておくとソースに加えてもくずれにくくなる。

❽ ⑥のソースにとろみがついてきたら、⑦のナスを加える。

❾ ナスが温まってある程度味がなじむまで、5～10分間かけて煮る。塩、コショウで味を調えてソースの完成。

⇧サバは煮込んでいる間に多少くずれても仕方がないが、ナスは形を残したいので、加えたら短時間で仕上げること。

❿ 1人分のソースを取り分けて温め、ゆで上げたスパゲティを加えて和える。仕上げにEXV.オリーブ油を回しかけて盛りつける。

primo piatto | ロングパスタ

イワシのリングイネ

Linguine alla Lampara 　リングイネ アッラ ランパーラ

イワシはほぼ1年中手に入り、安価で使いやすい素材の代表格である。
初秋から冬にかけては、とくに脂がのり、旨みが増すおいしい時期。
このイワシを使った簡単なパスタ料理が、リングイネ アッラ ランパーラだ。
イワシと相性のよいトマト味をベースに、ミントの葉を混ぜ込んで個性的な風味に仕上げた。
またイワシにはニンニクがよく合うので、通常のパスタのように丸のまま使うのではなく、
みじん切りにして一緒に混ぜ込んだ。細かいのでこげやすいため、加熱のさいは注意する。

材料　1人分

イワシ*…2〜3尾
ニンニク…1片
塩、コショウ…各少量
オリーブ油…30cc
白ワイン…30cc
ホールトマト（汁ごとつぶす）
　…200cc
リングイネ＊＊…80g
ミントの葉…適量

＊イワシは鮮度のよいものを使う。
＊＊リングイネは断面が楕円形の乾燥ロングパスタ。その形状から食感に変化が出しやすく、ソースがからみやすい。

作り方

❶ イワシはウロコを包丁でかき取り、胸ビレのつけ根の後ろに包丁を入れて頭を切り落とす。腹側を斜めに切って内臓をかき出し、水洗いして完全に血や汚れを取り除く。水分をよくふき取る。

❷ 頭の切り口から中骨に沿ってナイフを入れて、身をおろす。

❸ 裏返してもう一方の身も同様にしておろす。これで三枚おろしとなる。

❹ 腹骨を薄くそぎ取る。これでイワシの下処理完了。

❺ ニンニクをたたいてつぶしたのち、粗みじん切りにする。オリーブ油とともにフライパンに入れて、弱火で香りが出るまで加熱する。
⇧ニンニクはこがさないように注意。

❻ イワシの皮目を下に向けて重ならないように並べ、塩、コショウをふって焼く。途中で裏返す。皮がはずれても気にしないでよい。

❼ イワシに火が通ったら、白ワインを加える。フライパンを回しながら加熱して水分を飛ばす。

❽ 白ワインが煮詰まってきたら、ホールトマトを加える。

❾ イワシを少しくずしてソースの味をなじませながら少し煮る。味を確かめて、塩で調える。

❿ ゆで上げたリングイネを和え、仕上げに粗く刻んだミントの葉を加えて混ぜる。器に盛って提供する。

primo piatto | ロングパスタ

焼きピーマンの冷製カペッリーニ

Capellini con Peperoni Arrosti　カペッリーニ コン ペペローニ アッロスティ

暑い季節には、パスタメニューにも何か冷たいものを取り入れたいところである。
62頁の「アンティパストの盛り合わせ」で紹介した「ピーマンのシチリア風マリネ」をアレンジして、手軽な冷製パスタをつくってみよう。
肉厚のピーマンは、丸ごと焼くだけで、充分な甘みが引き出せる。
皮をむき、中の種を取り除くのに多少手間がかかるが、あとは調味料で和えるだけなので手軽で重宝する。
なおここでは、口当たりが軽くて、冷製向きのカペッリーニを使ったが、もちろんスパゲティでもよい。

材料　1人分

赤・黄パプリカ＊…各1個
ニンニク…½片
バジリコ…少量
塩、コショウ…各少量
白ワインヴィネガー、
　EXV. オリーブ油…各少量
カペッリーニ＊＊…60g
バジリコ（飾り用）…1枝

＊肉厚のパプリカはさまざまな色がそろっている。一番おいしいのは赤色だが、彩りのためにも、2～3種類混ぜて使うとよい。また、ナスを加えてもよい。パプリカ同様、丸ごと焼いて皮をむいて使う。
＊＊極細の乾燥ロングパスタ。冷製パスタによく用いられる。カペッリ ダンジェロ（天使の髪の毛）ともいわれる。

作り方

❶ パプリカを天板に並べ、170℃のオーブンに入れて焼く。ときおり回して、まんべんなく火を入れる。表面が黒くなり、全体が柔らかくなればよい。

⇧コンロの網の上で焼いてもよい。表面が真っ黒になっても、皮をむくので問題ない。

❷ 熱いうちに2つに割って、中の種をきれいに取り除き、表面の皮をむく。

⇧熱いうちでないと皮がむきにくくなる。
⇧パプリカは水っぽくなるので水に浸けてはいけない。指先だけを水で冷やしながら行なう。

❸ パプリカをボウルに入れて、作業中に出たおいしい汁も残さずに加える。

⇧天板に流れ出たパプリカの汁も旨みと甘みが詰まっているので、捨てずに混ぜる。

❹ パプリカを食べやすく手で縦に裂く。

❺ ニンニクをつぶしてから粗くきざんで加える。分量は好みで調節してよい。さらにバジリコの葉も手でちぎって加える。

❻ 塩、コショウして全体を混ぜ合わせる。

❼ 白ワインヴィネガーをほんの少量とEXV.オリーブ油を加えて、全体がなじむように充分に混ぜ合わせる。

⇧液体部分が白濁してドレッシング状になるまで、しっかりと混ぜ合わせること。

❽ カペッリーニをゆでて流水でさっと洗って冷やす。ペーパータオルで表面の水気をしっかり取ってから、冷やした皿に盛る。

❾ ⑦のマリネを再度しっかり混ぜ合わせてから、たっぷりのせる。バジリコを飾る。

リングイネのジェノヴェーゼ

Linguine con Pesto Genovese　　リングイーネ コン ペスト ジェノヴェーゼ

バジリコに松の実、パルミジャーノチーズなどを合わせたコクのあるペーストでリングイネを和える、
おなじみのパスタ。ペスト・ジェノヴェーゼにはジャガイモとサヤインゲンを合わせるのが伝統だが、
ほかの素材を合わせればバリエーションが広がる。ここでは春野菜のグリーンアスパラガスを合わせてみた。
好みで変化をつけるといいだろう。フレッシュのバジリコならではの風味と鮮やかな緑色を楽しむ料理なので、
直接加熱はしない。パスタと和えるときは、ごく弱火にかけるだけで充分。
ほかのパスタとは違って、熱々にこだわるものではない。この点は意外に誤解されているので注意したい。

材料　1人分
ジェノヴァ風ペースト
　（1人分大さじ2〜3）
　　バジリコ…50g
　　松の実…70g
　　ニンニク…½片
　　パルミジャーノチーズ…30g
　　塩…小さじ½
　　EXV. オリーブ油…50〜60cc
ジャガイモ…½個
グリーンアスパラガス＊…2本
リングイネ…80g

＊サヤインゲンでもよい。

作り方

❶ ジェノヴァ風ペーストをつくる。フードプロセッサーに松の実と皮をむいたニンニク、パルミジャーノチーズ、塩を入れて、オリーブ油の半量を加える。

❷ バジリコの葉を入れて攪拌する。最初は回りにくいので、何回かに分けて残したオリーブ油を加えながら回す。

❸ 写真程度の粗さのペースト状にしてでき上がり。

❹ ジャガイモとグリーンアスパラガスは、それぞれ食べやすく切り、下ゆでしておく。

❺ リングイネを塩分1.5%濃度の湯でゆでる。ゆで上がりの少し前に、ジャガイモとグリーンアスパラガスを加えて、温めておく。

⇧具材の野菜は何を使ってもよい。シンプルなスタイルがよければ、ペーストだけでもよい。

❻ 同時にフライパンを極弱火にかけて、大さじ2～3のペーストを入れ、パスタのゆで汁40ccを加えてのばす。

❼ この間は冷めない程度の弱火を保つ。

⇧けして沸騰させないこと。グツグツ煮立てると色が変わって香りが飛んでしまう。

❽ ゆで上がったリングイネと具材を一度に加える。

❾ まんべんなく混ぜ合わせる。この間も弱火。盛りつけて提供する。

⇧火からおろしてもよい。

primo piatto | ロングパスタ

115

カルボナーラ・スパゲティ

Spaghetti alla Carbonara　スパゲッティ アッラ カルボナーラ

クリーミーな卵がソースがわりとなる。この調理のポイントは卵の加熱にある。熱が入りすぎるとボロボロの煎り卵状になり、逆に熱が弱いと生っぽくなってしまう。卵を加えるさいは、必ず火を止め、鍋が熱すぎないかを確認すること。もし卵を加えたあとで、生っぽいと感じたら、ごく弱火にかけて調節すればよい。
もう一つの旨みの要がパンチェッタの脂分である。弱火でジワジワと加熱して、旨みのある脂を充分に出しておくこと。このときに強火にするとこげてしまうので、火加減に注意する。パスタ料理はどれも共通だが、タイミングと手順が大事。カルボナーラのソースはすぐにできるので、先にスパゲティをゆで始めるとよい。

材料　1人分

パンチェッタ（豚肉の塩漬け）
　…40g
オリーブ油…大さじ½
白ワイン…15cc
全卵…1個
卵黄…1個分
パルミジャーノチーズ…15g
粗挽き黒コショウ＊…適量
スパゲティ…80g

＊その場で挽いて加える。

作り方

❶ フライパンにオリーブ油と5mm幅に切ったパンチェッタを入れて火にかける。ジュクジュクと脂が出てきたら弱火にする。
⇧パンチェッタはこげやすいので、熱した油に入れないようにする。

❷ 弱火でじっくり加熱して、旨みのある脂を引き出す。写真のようにカリカリと香ばしい状態になるまで。

❸ 白ワインを加える。フライパンを動かしながら煮詰めて、水分とアルコール分、酸味を飛ばす。これでカリカリになったパンチェッタが水分を吸って柔らかく戻る。

❹ 煮詰め加減は最初の油の量と同じになるまで。
⇧ここできちんと煮詰めておかないと、ワインの酸味と独特のにおいが最後まで残ってしまう。

❺ スパゲティのゆで汁を少量加えて、フライパンを動かしながら混ぜ合わせる。

❻ 油分と水分を充分になじませると、写真のようにドローッとした白っぽい状態に乳化する。ここで火を止めておく。

❼ ボウルに全卵と卵黄、パルミジャーノチーズ、粗挽きの黒コショウを入れて、フォークで混ぜ合わせる。

❽ ⑥のソースにゆでたスパゲティを入れて、ソースとなじませ、⑦の卵液を加える。
⇧ソースはすぐにできるので、先にスパゲティをゆで始めるとよい。
⇧卵液を加えるときは、火は止めてフライパンの余熱を利用する。フライパンが熱いとすぐに卵が固まってしまうので要注意。熱すぎるようならば、底をぬれフキンに当てて少し冷ます。

❾ フライパンをあおって、全体を混ぜ合わせる。卵がトロッとした状態になるように、ごく弱火にかけて調節する。皿に手早く盛って提供。

primo piatto｜ロングパスタ

生ハムとグリーンピース入り
クリーム風味のフェットチーネ

Fettuccine alla Pannna Prosciutto e Piselli　フェットチーネ アッラ パンナ プロシュート エ ピゼッリ

クリームソースのフェットチーネは、ポピュラーだが、
ここでは生ハム、グリーンピースとといった常備食材でできる手軽なメニューを紹介する。
イタリアでは、パンナ（生クリーム）、プロシュート（生ハム）、ピゼッリ（豆）の頭をとって
「パン・プロ・ピー」の愛称で呼ばれている、おなじみのメニューだ。
このほかにマッシュルームを加えてもいいだろう。
クリーム系のソースの決め手となるのが塩加減で、これがむずかしい。
最終的な塩味が薄いと、すぐに食べ飽きてしまう。やや強めを意識して加減することがポイントとなる。

材料　1人分

生ハム（1cm角）…薄切り2枚
グリーンピース…約大さじ2
生クリーム…130cc
オリーブ油…10cc
無塩バター…5g
塩…適量
フェットチーネ（乾燥）＊…60g
パルミジャーノチーズ（仕上げ用）
　…15g
無塩バター（仕上げ用）…10g

＊きしめん状の平打ちパスタ。手打ちの生があれば、そちらを使う。

作り方

❶　フライパンにオリーブ油とバターを入れて弱火にかけ、1cm角に切った薄切りの生ハムを加える。

❷　弱火のまま、生ハムをゆっくり炒めて香りを出す。
⇧強火にすると薄切りの生ハムがこげやすく、独特の香りも飛びやすいので注意する。

❸　いい香りが出てきたら、生クリームを加える。グリーンピースも加え、火をやや弱めて2/3量まで煮詰める。
⇧マッシュルームを加える場合は、薄切りにしてここで一緒に加えて煮る。

❹　最初のサラリとした状態から、この程度のとろみがつけばOK。味をみて塩加減を確かめる。
⇧ここで煮詰めてコクを出し、フェットチーネにからめやすいようにとろみをつける。

❺　火を止めて、ゆでたフェットチーネと仕上げのパルミジャーノチーズ、バターを加える。余熱で全体を混ぜ合わせて、盛りつける。
⇧最終的な塩味はやや強めにきかせる。

primo piatto｜ロングパスタ

小エビ入りカレー風味のフェットチーネ

Fettuccine alla Farck　フェットチーネ アッラ ファルッカ

クリーム系のソースにカレー風味をつけた個性的なパスタ。
カレー風味とはいっても、あまり強く効かせずに、
コショウがわりの感覚で、香りをほのかにプラスする程度に加えると上品に仕上がる。
クリーム系のソースには、卵入りのパスタが合う。
ここでは乾燥パスタを使ったが、手打ちなどのフレッシュタイプのほうが、
卵の風味が高いので、できればそちらを利用したい。

材料　1人分
- むきエビ…80g
- ニンニク（粗みじん切り）…1片
- オリーブ油…5cc
- 無塩バター…少量（指先大くらい）
- 白ワイン…10cc
- 生クリーム…150cc
- カレー粉…少量
- フェットチーネ（乾燥）…60g
- 無塩バター（仕上げ用）…10g
- パルミジャーノチーズ（仕上げ用）
　　…10〜20g

作り方

❶ フライパンにオリーブ油とバター、つぶして粗みじんに切ったニンニクを入れて、香りが出るまで温める。

❷ 香りが出たら、エビを入れ、塩少量をふって炒める。表面の色が白く変わったら（写真）、すぐに白ワインを加えて全体を混ぜ合わせる。

❸ フライパンからエビを取り出す。

⇧エビはこのまま加熱するとかたくなるので、途中で取り出して最後に戻すと、プリプリに仕上がる。

❹ フライパンにはエビの旨みのついた汁が残っているので、フライパンをゆすりながら、これをこがさないように煮詰めて水分を飛ばす。

⇧旨みが凝縮される。

❺ ここに生クリームを加えて混ぜ合わせる。

⇧沸騰しないように火を弱めること。

❻ カレー粉を加える。

⇧スプーンの先にほんの少しでよい。ほのかにカレーの香りをプラスする程度。

❼ 取り出しておいたエビを皿に流れ出た汁と一緒に戻す。

❽ フライパンを火にかけてエビを温める。

⇧生クリームは沸騰させない。これ以上エビがかたくならないように注意。周囲に火が入って、芯はほんの少し生っぽいくらいがちょうどいい。

❾ 火を消し（あるいはごく弱火）、塩湯でゆでたフェットチーネを加えて、全体にまんべんなくソースをからめる。

❿ 仕上げにバターとパルミジャーノチーズを加えて混ぜ合わせ、皿に盛りつける。

primo piatto ｜ ロングパスタ

121

辛いトマトソースのペンネ

Penne all'Arrabbiata　ペンネ アッララビアータ

ペンネを使ったローマ生まれの伝統的な料理。「アラビアータ」は「怒った」という意味で、それほどに辛いところから、こう名づけられた。赤唐辛子で辛みをきかせたトマトソースが、肉厚で歯応えのあるペンネとよく合う。
ただし、辛さには好みがあるので、適宜調節したほうがよい。基本的には赤唐辛子の分量を増減して調節するが、一味唐辛子を加えるなどの方法もある。赤唐辛子は水分がほとんどないので、とてもこげやすいため、油に入れてからは手早く作業を進めること。またホールトマトを加えたら、弱火でじっくりと煮詰める。強火で一気に水分を飛ばしてしまうと、深みのある味が出ない。

材料　1人分

ニンニク＊…2〜3片
オリーブ油…30cc
赤唐辛子＊…1〜2本
イタリアンパセリ（粗みじん切り）
　…適量
ホールトマト（汁ごとつぶす）
　…200cc
塩…少量
ペンネ…70g
EXV. オリーブ油（仕上げ用）
　…30cc

＊ニンニクと赤唐辛子の分量は好みで調節する。

作り方

❶ ニンニクは皮つきのままナイフで押しつぶし、皮をむく。赤唐辛子は3～4つに切って種を取り除いておく。
⇧種を残すと強烈な辛みが出る。

❷ 冷たいフライパンにニンニクとオリーブ油を入れて火にかける。ニンニクが油に浸るように、フライパンを傾ける。まず強火にし、温まったら弱火にしてじっくり火を入れる。
⇧こまめに火加減を調節すること。

❸ ニンニク全体が色づいて、芯までほっこりするように加熱する。
⇧串が抵抗なく、スッと入るのが目安。

❹ まず赤唐辛子を加える。
⇧ここからはこげやすいので手早く行なう。絶えずフライパンをゆすりながら加熱する。

❺ 続いてイタリアンパセリを加える。

❻ さらにホールトマトを加える。沸騰するまで強火にする。
⇧冷たいものを入れたら、火を強める。火加減は小まめに行なう。

❼ 塩少量を加えて全体に混ぜる。沸騰してきたら弱火にし、ときおり混ぜながら煮込む。
⇧強火で加熱して水分だけを飛ばさないこと。トマトや赤唐辛子などの旨みを引き出すのが目的なので、じっくり弱火で。

❽ しばらくすると、水分が飛んでとろみがついてくる。味をみて、足りなければ塩を加える。
⇧赤唐辛子の辛みがメインなので、味つけは塩のみ。辛みの要素がぶつかるコショウは使わない。

❾ ソースの火を止め（もしくはごく弱火で）、ゆで上げたペンネを加えて混ぜ合わせる。好みで仕上げ用のEXV.オリーブ油を混ぜ、皿に盛りつけて、イタリアンパセリをふる。

primo piatto｜ショートパスタ

123

ミートソースのリガトーニ

Rigatoni con Salsa Bolognese　リガトーニ コン サルサ ボロニェーゼ

挽き肉でつくる「ミートソース」はパスタの定番ソースの一つで、年齢を問わず根強い人気を誇る。「ボロネーズソース」ともいわれるように、北イタリアのボローニャ地方で生まれたラグー（煮込み）ソースで現地ではとてもポピュラー。タリアテッレ（ロングパスタ）でつくることが多い。ポイントは挽き肉の旨みを120％生かすこと。まず、炒めるさいはできるだけ混ぜない。肉が冷たいうちに強く混ぜてしまうと、肉がつぶれて旨みが全部流れ出てしまう。ミートソースは元来「細かい肉」の煮込み料理なので、まずは基本通り、肉にしっかり焼き色をつけることが肝心である。また、余分な油分や水分は、そのつどしっかりと煮詰めて旨みを凝縮することが大切だ。

材料

ミートソース（約20人分）

- 玉ネギ（みじん切り）…300g
- ニンジン（みじん切り）…150g
- セロリ（みじん切り）＊…150g
- オリーブ油…100cc
- 牛挽き肉＊＊…2kg
- 赤ワイン＊＊＊…500cc
- ホールトマト（汁ごとつぶす）…2リットル
- ローリエ…1枚
- 塩、黒コショウ…各適量

リガトーニ（乾燥）＊＊＊＊…70g
パルミジャーノチーズ（仕上げ用）…10g
無塩バター（仕上げ用）…5g

＊セロリはナイフでたたいて繊維をつぶしてから切ると香りがよく立つ。
＊＊挽き肉は合挽き肉でもよい。やや粗めに挽いておくと、肉の食感がより楽しめるソースとなる。肉に10gの塩と黒コショウをふって下味をつけておく。
＊＊＊ワインは赤が定番だが、白を使ってもよい。
＊＊＊＊マカロニより太い、筋がついた管状のショートパスタ。

作り方

❶ 玉ネギ、ニンジン、セロリをオリーブ油100ccでじっくりと炒める。最初はあまり混ぜないで、油で揚げるようにして水分を飛ばして旨みを凝縮させる。火からおろし、こびりついてきた部分を野菜の水分で溶かし込みながら、再び火にかける。これを繰り返してソフリットをつくる。

❷ ここに牛挽き肉を加える。軽くほぐして鍋に広げたら、このあとは混ぜないで加熱する。
⇧力を入れてほぐすと、肉がつぶれて肉汁が出てしまう。最初は炒めるのではなく、表面を焼くようにして気長に火を入れる。

❸ 肉のこうばしい香りがしてきたら、木ベラでこそげるように肉を裏返し、焼き色がついているかどうか確かめる。これを繰り返して、全体を焼き上げる。
⇧けして混ぜすぎないこと。焼けるにしたがって肉は自然にほぐれてくる。

❹ 次第に鍋底の油分が少なくなって、こげつきやすくなるので注意。最終的には、肉に火が通って、ほとんど油分も水分もない状態にする。

❺ ワインを一気に回し入れる。ほぼ水分がない状態なので、ここでシュワーッと音がして湯気が立ち上る。
⇧音がしないのは、肉の焼き方が足りない証拠。

❻ 強火にしてワインの水分をしっかり煮詰め、旨みを肉に移す。次第に残った油分がピチピチとはねるような音に変わる。ローリエを加える。
⇧水分を完全に煮詰めておかないと、ワインの酸味が最後まで残ったり、水っぽい仕上がりになってしまう。

❼ ホールトマトを加える。沸騰するまで強火、あとは弱めの中火にする。ときおりかき混ぜるだけにして、あとは静かに30〜40分間煮込む。

❽ 全体がトロリとしてきたらでき上がり。塩、黒コショウで味を調えて仕上げる。一晩ねかせて味をおちつかせる。

❾ 鍋に1人分のミートソースを取り分けて温め、ゆで上げたリガトーニを加えてからめる。パルミジャーノチーズを混ぜ込み、バター少量を加えて混ぜる。

スモークサーモンと生クリームのペンネ

Penne alla Panna e Salmone　ペンネ アッラ パンナ エ サルモーネ

生クリームを使ったソースの具に、スモークサーモンを加えた。
ほどほどのボリュームととろみのあるソースなので、ショートパスタはもちろん、スパゲティにも合う。
フレッシュのサケを使ってもいいが、スモークサーモンならば、独特の燻製香が加わって、よりおいしい。
高価な食材だが、切れ端の部分で充分なので、まとめて仕入れて、アンティパストなどほかの料理と共用したい。

材料　1人分

スモークサーモン＊…40g
無塩バター…5g
生クリーム…150cc
塩…少量
ペンネ＊＊…70g
パルミジャーノチーズ（仕上げ用）
　…12g
無塩バター（仕上げ用）…5g

＊不ぞろいな部分をまとめた安価な徳用品があるので、これを利用できる。
＊＊ペン先の形をしたペンネ。スパゲティやフェトチーネなどのロングパスタや、そのほかのショートパスタでも合う。

作り方

❶　スモークサーモンは細かく切っておく。

❷　フライパンにバターを入れて火にかけて溶かし、スモークサーモンを入れてさっと炒める。
⇧バターがこげやすいので注意する。

❸　サーモンの表面の色が白っぽく変わったら、生クリームを加える。
⇧ウォッカやウイスキーで香りづけしたい場合は、先に加えて強火でアルコール分を飛ばしてから、火を弱めて生クリームを加える。

❹　生クリームはこげやすいので、火を弱める。
⇧火加減に注意。とくにフライパンの周囲はこげやすいので、ときおりゴムベラで落として混ぜること。

❺　塩1つまみを加えて、全体が2/3量になるまで、静かに煮詰める。
⇧スモークサーモンと、あとから加えるパルミジャーノチーズの塩分があるので控えめに。

❻　ゆで上げたペンネを加える。

❼　仕上げ用のパルミジャーノチーズとバターを加える。

❽　火を止めて混ぜ合わせる。
⇧ここでの目的はパスタにソースをからめること。余分に熱が加わるとパスタの食感やソースの濃度が変わってしまう。火は止めるか、あるいはソースが冷めない程度の弱火を保つ。

❾　手早く皿に盛りつけて提供する。

primo piatto | ショートパスタ

パスタ・ファジョーリ

Pasta e Fagioli *パスタ エ ファジョーリ*

豆とショートパスタを一緒に煮込んだ伝統的なパスタ料理。本来は素朴な家庭料理なので、レストランのメニューには、あまり登場しないが、寒い季節には温かいスープ感覚のパスタが喜ばれる。ここではインゲン豆を使ったが、ヒヨコ豆などのほかの種類でもおいしくつくることができる。また豆と一緒に食べやすいように、パスタはペンネッテやオレキエッテなどのショートパスタが合う。もしスパゲティを使うならば、短く折るといいだろう。いずれもゆでてから豆と一緒にしばらく煮込んで、豆の味を含ませることがポイントだ。

材料　4人分

赤インゲン豆（乾燥）＊…200g
セロリ…1/3本
塩…1つまみ
玉ネギ…1/3個
ニンジン…20g
セロリ…1/3本
オリーブ油…30cc
ブーケガルニ＊＊…1束
ホールトマト（汁ごとつぶす）
　…100cc
ペンネッテ＊＊＊…200g
塩、コショウ…各適量
パルミジャーノチーズ（仕上げ用）
　…適量
EXV. オリーブ油（仕上げ用）…適量

＊たっぷりの水に浸けて一晩おいたものを用意。完全にふっくら戻してからゆでる。
＊＊フレッシュなハーブを何種類かまとめて束ねたもの。煮込みやスープなどを煮込むさいに一緒に入れて香りづけにする。ここではタイム1枝とローズマリー1枝をセージの葉2枚で包んで、タコ糸で結わいた。
＊＊＊短いペンネ。

作り方

❶ 豆を下ゆでする。赤インゲン豆と、その3〜4倍量の水を鍋に入れ、1つまみの塩と、たたいて香りを出したセロリを加えて強火にかける。沸騰したら弱火にし、豆が柔らかくなるまで加熱する。写真は下ゆでした赤インゲン豆。
⇧豆はまとめてゆでて保存しておくと便利。

❷ 鍋にオリーブ油30ccと香味野菜、ブーケガルニを入れて、香りが出るまで加熱してソフリットをつくる（→12頁）。

❸ ここにホールトマトを加えて、木ベラで混ぜながら炒める。水分を飛ばして旨みを凝縮させる。

❹ ゆでておいた①の豆をゆで汁ごと③に加える。豆の⅓量とゆで汁少量は、あとで加えるので取り分けておく。

❺ 豆の4〜5cm上まで液体がくるように、水を足して調節する。塩、コショウして、沸騰するまで強火、あとは弱火にして30分間ほど煮込む。

❻ 残しておいた豆とゆで汁をフードプロセッサーにかけて粗めのペースト状にする。
⇧完全になめらかにつぶさないで、やや粒が残る程度の粗い状態のほうが豆らしさが出る。

❼ ペーストを⑤の鍋の中に加えて、さらに10分間ほど煮て、豆とスープに味をなじませる。

❽ 塩、コショウで味を調える。ゆでておいたペンネッテを加えて、さらに5分間煮る。
⇧この料理ではパスタのアルデンテは必要ない。パスタにもある程度スープを吸わせて柔らかく仕上げる。

❾ 味を確かめて、パルミジャーノチーズとEXV.オリーブ油を加える。

❿ 混ぜ合わせてでき上がり。皿に盛りつけて、パルミジャーノチーズとEXV.オリーブ油をかける。
⇧ランチ時は最後まで仕上げてもいいが、数が限られる場合は、❼までにとどめておき、オーダーが入ったのちにパスタを合わせてしばらく煮込む。

primo piatto | ショートパスタ

じゃがいものニョッキ
Gnocchi di Patate　ニョッキ ディ パターテ

ジャガイモのニョッキはイタリア各地でつくられているが、その土地ごとにソースにバラエティがある。
ここではセージの香りのするチーズソースで和えたが、トマトソースなど好みのものを使うとよい。
ニョッキはまとめてつくってゆでておけば、あとは温めてソースと合わせるだけなので、それほど手間はかからない。
プリモピアットのバラエティを広げる一品として、ぜひメニューに加えてほしい。
材料のジャガイモはカボチャやサツマイモでも応用できる。柔らかくてやさしい口当たりが持ち味なので、
生地をつくるさいは、できるだけ打ち粉を控えて、練らないように注意する。

材料
ニョッキ（約4人分）
　ジャガイモ＊…1kg
　全卵…1個
　パルミジャーノチーズ…100g
　強力粉…約200g
塩、オリーブ油…各適量
ソース（1人分）
　無塩バター…30g
　セージの葉…約3枚
　パルミジャーノチーズ（仕上げ用）
　　…1つかみ

＊メークインよりも水分の少ない男爵の
ほうがつくりやすい。

作り方

❶ ジャガイモを丸ごとゆでて皮をむき、熱いうちに裏漉し器にかける。

❷ ボウルに入れて、全卵、パルミジャーノチーズ、強力粉を加えて混ぜ合わせる。

⇧生地を練るのではなく、全体を均一にまとめるように混ぜる。食感が悪くなるので、生地の練りすぎや打ち粉の使いすぎに注意する。

❸ 生地は多少柔らかくても、全体が一つにまとまればよい。

⇧強力粉の分量は、生地の状態を見ながら加減する。ただしまとまらないからといって、入れすぎるとジャガイモの風味が薄れてしまうので注意する。

❹ 打ち粉（強力粉・分量外）をふりながら、❸の生地を台もしくはまな板の上で細長い棒状にのばし、端から約1cm長さに切り分ける。

❺ 切り分けた生地は、互いにくっつきやすく、また柔らかくて形がつぶれやすいので、重ねないように。

⇧生地のままだとすぐにベトベトしてくるので、保存するのはむずかしい。つくったらすぐに切り分けてゆでて保存したほうがいい。

❻ 鍋に湯を沸かして塩を加え、沸騰したらニョッキを入れてゆでる。

⇧器具や手にふれて形がくずれないように、ニョッキをバットの裏面（または板や段ボール）にのせ、そのまますべらせて湯の中に入れるとよい。

❼ 表面に浮いてきたらゆで上がり。すぐに使う場合はそのままでよいが、保存するときは、穴杓子ですくって湯をきり、ボウルに入れて水にとったのち、水気をきってオリーブ油少量をまぶしておく。

❽ ソースをつくる。フライパンにバターを入れて火にかけて溶かし、セージの葉を加えて香りをバターに移す。セージをこがさないように注意し、ニョッキのゆで汁を少量加える。鍋をゆすって、トロッとした状態に乳化させる。

❾ ゆでておいたニョッキを取っ手つきのザルに入れて、沸騰した湯につけて熱する。

⇧最初は沈んでいるが、芯まで温まると表面に浮いてくる。

❿ 水気を充分にきってから、❽のソースの中に入れる。形をくずさないように鍋をゆすって和える。仕上げにパルミジャーノチーズを加えて混ぜ込む。皿に盛りつける。

primo piatto｜ニョッキ

リコッタチーズのラビオリ

Ravioli di Ricotta　ラビオリ ディ リコッタ

ラビオリとは詰め物入りのパスタのこと。中にゆでた肉や生ハムなどの切れ端を刻んで
卵とチーズを混ぜたものを詰めたり、煮込み料理を詰めたり、工夫次第でバリエーションは無数に広がる。
ここで紹介するチーズのレシピは、その場で混ぜるだけで手軽にできる。ゆでている間に、中の詰め物が
出てこないように、生地をしっかりと密着させること、また強火でグラグラと煮立たせないように注意する。
仕上げはトマトソースで和えたが、シンプルなサルビアバターのソース＊も合う。

＊フライパンでバターとフレッシュのサルビアの葉を加熱し、パスタのゆで汁少量を加えて乳化させる。

材料
ラビオリ生地
　強力粉…1kg
　全卵…8個
　卵黄…4個分

詰め物（10個分）
　リコッタチーズ＊＊…300g
　ゴルゴンゾーラチーズ…50g
　パルミジャーノチーズ…30g
　卵黄…2個分
　イタリアンパセリ
　　（粗みじん切り）…少量
　塩…少量
溶き卵…1個分
トマトソース（→27頁）…適量
パルミジャーノチーズ、
　無塩バター（仕上げ用）…各少量

＊＊リコッタチーズを手づくりする場合は、224頁を参照する。

作り方

❶ ラビオリ生地をつくる。材料をすべて混ぜ合わせてなめらかになるまでこね、冷蔵庫でねかせる。打ち粉をふってパスタマシンにかけ、0.5mmくらいの厚さにのばす。
⇧いきなり目指す厚さにのばすのは無理があるので、まずやや厚めにのばし、段階的に調節しながら何度かのばし、徐々に薄くする。

❷ 扱いやすいように14cm×35cm大の生地を2枚用意する。

❸ 詰め物の材料をすべてボウルに入れてなめらかに混ぜ合わせる。丸い口金をつけた絞り袋に入れる。
⇧ナツメグを加えて風味をつけてもよい。

❹ 全卵をよく溶いて、2枚のパスタ生地の全面に刷毛でぬる。1枚の生地の上に均等な間隔で詰め物を少量ずつ10ヵ所に絞り出す。

❺ もう1枚の生地をかぶせる。空気が入らないように注意しながら詰め物の間を手で押さえて、上下の生地を密着させる。

❻ ほぼ正方形になるように包丁で切り離す。

❼ 最後にもう一度、一つずつ周囲を押さえて生地を密着させる。
⇧この状態で冷凍保存が可能。くっつかないようにバットに並べて冷凍してから、1人分ずつまとめておくと使いやすい。

❽ 塩分を1.5%に調整した湯でゆでる。弱めの中火に加減して、グラグラとした状態にしないこと。ゆで加減は生地にちょうど火が入る程度がよい。ラビオリは芯が少し残るようなアルデンテではおいしくない。
⇧冷凍したラビオリは、凍ったままゆでる。

❾ ゆで上がりの時間を見計らって、ソースの準備をする。フライパンにトマトソースを入れて温める。ゆで上がったラビオリを入れ、すりおろしたパルミジャーノチーズとバターを加える。

❿ フライパンをあおりながら、ソースをラビオリにからめる。皿に盛りつけて提供する。

primo piatto

詰物パスタ

ラザニア

Lasagna　ラザーニャ

板状パスタとミートソース、ホワイトソースなどを重ねて焼いたラザニアは、事前の仕込が可能で、提供が簡単。
便利なメニューにもかかわらず、ホワイトソースをつくるのがめんどうで、しり込みしている人も多いようだ。
市販品を利用するのもいいが、ここではホワイトソースなしでつくるオリジナルのスタイルを紹介しよう。
秘訣は生クリーム。事前に煮詰めてミートソースに混ぜると、
ミートソース自体がマイルドでクリーミーになるため、ホワイトソースなしでも充分なコクが出せる。

材料　6人分＊

ラザニア用ミートソース
　　生クリーム…100cc
　　ミートソース＊＊…700g
　　塩、コショウ…各適量
　　パルミジャーノチーズ…30g
　　無塩バター…30g
　　強力粉…少量
ラザニア（23.5cm×7.5cmの
　板状パスタ）…6枚
無塩バター…適量
モッツァレラチーズ…120g
パルミジャーノチーズ…30g

＊この分量ならばコースの1品としては6人分だが、アラカルトならば5〜6人分くらいの見当になる。
＊＊ミートソースは市販品でもよい。自家製は34頁を参照。

作り方

❶ フライパンに生クリームを入れて火にかけ、ほぼ半量になるまで煮詰める。
⇧生クリームを煮詰めるのは、味をより濃厚にするためと、ミートソースに余分な水分を与えて濃度をゆるくしないため。
⇧ホワイトソースのかわりに使って仕込みの手間をはぶいた。

❷ 鍋にミートソースを入れて温め、①の生クリームを加えて混ぜ合わせる。

❸ 塩、コショウで味を調え、パルミジャーノチーズとバターを加えて混ぜる。濃度をつけたい場合は、バターに強力粉をまぶして加える。こうすると強力粉がダマにならずに、ソースに軽いとろみをつけることができる。

❹ バットに入れて広げ、熱をとって冷ます。

❺ ラザニアは塩湯に入れ、静かにかき混ぜながらゆでる。ゆで上がったら冷水にとる。ザルに上げて水気をきって、1枚ずつバットの裏や網の上に広げ、完全に水気をきる。
⇧ぬれたまま重ねるとくっついてしまうので要注意。

❻ 耐熱容器に、薄くバターをぬる（分量外）。

❼ その上に④のミートソースを少量広げてのばす。

❽ ⑦の上にゆでた⑤のラザニアをのせて、さらにミートソースを広げ、ちぎったモッツァレラチーズ、パルミジャーノチーズをのせる。これを繰り返して重ねる。
⇧ソースやチーズは周囲まで均等に広げて全体の高さを一定にする。
⇧ここまで準備して冷蔵庫に入れておくと、提供がスピーディ。1人分ずつ提供する場合は、オーダーごとに1人分を切り分けて個別の耐熱容器に移し、❾の要領でパルミジャーノチーズとバターを散らして、200℃のオーブンで焼いて提供する。

❾ 一度に6人分提供する場合は、最後にパルミジャーノチーズをたっぷりかけてバターをちぎって散らす。200℃のオーブンに入れて、全体がグツグツして表面に焼き色がつくまで焼く。切り分けて提供する。

primo piatto｜詰物パスタ

カキのリゾット

Risotto alle Ostriche　リゾット アッレ オストリケ

シーズンを迎えたカキをリゾットに仕立てる。カキを調理するコツは、加熱オーバーに気をつけること。
火が入りすぎると、身がかたくなり、旨みが半減する。リゾットは米からつくると、手間も時間もかかるが、
通常レストランでは、米をある程度加熱してベースを仕込んでおく方法がポピュラー。
スピーディに提供することが可能になる。細部に気をつけて仕上げれば、この方法でも充分おいしくできる。
この方法をとれば、スパゲティのゆで上げ時間と、ほぼ同じになるため、
提供のタイミングをほかのメニューとそろえることができる。

材料　1人分

カキ（むき身）＊…6〜7粒
無塩バター…30g
白ワイン…適量
リゾットのベース（→38頁）
　…70g
水…120〜150cc
クレソン（みじん切り）…2〜3本
塩、コショウ…各適量
パルミジャーノチーズ（仕上げ用）
　…20g
無塩バター（仕上げ用）…10g

＊新鮮なものはそのまま使うが、やや鮮度が落ちている場合は、塩少量をふってもむようにして混ぜ込み、汚れが出て黒ずんできたら流水で洗う。

作り方

❶ カキを鍋に入れる。バターを加え、カキが8分目まで浸かる程度に白ワインを注ぎ入れる。蓋をして火にかける（写真は2人分）。

❷ 沸騰するまで強火で、沸騰したら中火に落とし、8割ほど火を通す。指で押してみて、多少弾力を感じる程度。
⇧あとでリゾットと合わせたさいに火が入るので、ここでは控えめに。カキは火を入れすぎないこと。

❸ 浅い鍋にリゾットのベースを入れ、②のカキの煮汁を大さじ1程度加える。弱火にかけて、鍋をあおるようにふって混ぜ合わせる。
⇧水を加えるまえに、まず旨みのある煮汁を米に吸わせる。

❹ 水を加えて、弱めの中火で数分間煮る。味をみて塩、コショウで調節する。
⇧水はここで全量加えずに、米のかたさを見ながら適宜追加していくとよい。
⇧カキの煮汁は塩分があるので、塩味が強くなりすぎないように注意。

❺ ゴムベラを使いすぎると、米が割れたり、粘りが出てしまう。混ぜ合わせるときは、鍋をゆすってふる。

❻ 米を食べてみて、少し芯が残る程度のかたさになり、水分が適度に煮詰まっていればよい。弱火にして、②のカキを加える。

❼ 全体を混ぜ合わせて、カキが温まる程度に加熱する。味を確かめてから、仕上げ用のパルミジャーノチーズとバターを加えて混ぜ込む。

❽ クレソンを加えて混ぜ、すぐに火を止める。
⇧カキとクレソンは相性がよい。香りと色が飛ばないように仕上げに加えて、すぐに火を止めること。

❾ 鍋をふってまんべんなく混ぜ合わせ、皿に盛りつける。

primo piatto｜リゾット

そら豆入りゴルゴンゾーラチーズのリゾット

Risotto al Gorgonzola e Fave リゾット アル ゴルゴンゾーラ エ ファーヴェ

ゴルゴンゾーラチーズだけでもおいしいリゾットができるが、
春から初夏に出回るイタリアの風物詩、ソラ豆を加えた。
ソラ豆の半量は粗くつぶしてリゾットに混ぜ込んでいるので、
強いチーズの香りが少し和らいでやさしい印象に仕上がる。
リゾットは仕上げが短時間ですみ、仕込みおきがきく半加熱状のベースを利用した。
なおゴルゴンゾーラチーズの周囲の茶色い部分には、香りと旨みが詰まっている。捨てずに利用したい。

材料　1人分
ソラ豆…4〜5サヤ
リゾットのベース（→38頁）
　…70g
水…120〜150cc
塩…適量
ゴルゴンゾーラチーズ…30g
牛乳…40cc
パルミジャーノチーズ（仕上げ用）
　…20g
無塩バター（仕上げ用）…少量

作り方

❶ ソラ豆はサヤから取り出し、塩ゆでして皮をむく。
⇧ソラ豆はサヤから出し立ての風味が断然よいので、サヤをはずしたものも出回っているが、必ずサヤつきを選ぶこと。

❷ ソラ豆の半量を仕上げ用に、残りは粗く刻んでからナイフの腹で粗くつぶし、ペースト状にする。
⇧まとめて仕込む場合には、フードプロセッサーが便利。ソラ豆はなめらかにせず、やや粒を残しておく。

❸ 浅鍋にリゾットのベースと水を入れる。水の分量は米がひたひたに浸かる程度に調整し、塩少量を加えて火にかける。
⇧仕込んでおいたリゾットベースを利用して、スピードアップ。

❹ 米が沸騰してきたら、②のソラ豆のペーストを加えて均一に混ぜ合わせる。
⇧米に余分な熱を加えたくないので、ここから仕上げまでは一気に。

❺ ゴルゴンゾーラチーズをちぎって加える。

❻ そのままではチーズが溶けにくいので、牛乳を加える。このほうがクリーミーなコクがつく。チーズをゴムベラでつぶしながら溶かし混ぜる。

❼ 鍋ごとあおるように混ぜる。
⇧ゴムベラで混ぜすぎると、米がつぶれて粘りが出やすくなるので注意。

❽ 米のかたさと味を確かめたのち、仕上げのパルミジャーノチーズとバターを加えて火を止め、余熱で混ぜ合わせる。
⇧米に余分な熱を加えたくないので、仕上げは火を止めて余熱で行なう。

❾ 最後に残しておいたソラ豆を加えて混ぜる。器に盛りつけて提供する.

primo piatto | リゾット

野菜のスープ
Zuppa di Verdura ズッパ ディ ヴェルドゥーラ

イタリアでは、スープはパスタやリゾットと同じく、プリモ・ピアットに分類される。
ここで紹介するのは、シンプルかつスタンダードな野菜のスープである。
肉類のだしを使うレシピもあるが、野菜だけでも充分旨みが出せる。
そのためには多種類の野菜を使うこと、最初にソフリットをつくって、旨みのベースをつくること、
白ワインやホールトマトを加えたらしっかり煮詰めること、などが大切なポイント。
あとは豆のピュレとチーズ、オリーブ油でコクをつける。

材料　約15人分
ソフリット
　　ニンジン（小角切り）…½本
　　玉ネギ（小角切り）…1個
　　セロリ（小角切り）…2本
　　オリーブ油…30cc
ちりめんキャベツ…¼個
サニーレタス…4枚
ナス（小角切り）…2個
ズッキーニ（小角切り）…1本
ジャガイモ（小角切り）…1個
シイタケ…6～7個
白ワイン…100cc
ホールトマト（汁ごとつぶす）
　…100cc
水…3リットル
塩、コショウ…各適量
キドニービーンズ（水煮缶）＊
　…100g
仕上げ用（1人分）
　　パルミジャーノチーズ…10g
　　EXV. オリーブ油…15cc

＊キドニービーンズのかわりに、国産の金時豆や白インゲン豆でもよい。

作り方

❶ 玉ネギとニンジン、セロリを小角切りにする。オリーブ油でじっくり炒めてソフリットをつくる。

⇧野菜は小角切りにする前に、包丁の腹でたたいて繊維をつぶして香りを出しておくとよい。
⇧時間がかかるので、ソフリットをつくる間に並行して残りの野菜を切ると仕込み時間に無駄がない。
⇧ソフリットの野菜はだしがわり。じっくりと炒めて旨みを出しておく。

❷ ナス、ズッキーニ、ジャガイモはソフリットと同じくらいの小角切りに、葉野菜類も同様に切る。シイタケは香りを生かすために手で裂く。①のソフリットを充分に炒めたら、これらの野菜類を加える。

⇧野菜類は季節に応じて変えてよいが、できるだけ多種類使うこと。

❸ 鍋をふりながら野菜に均等に火を入れ、全体に油が回ったら白ワインを加える。最初はワインが蒸発するバチバチという音がするが、次第におさまってくる。全体を混ぜながら、ここまでで完全にワインの水分を飛ばす。

❹ ここにホールトマトを加えて、よく混ぜ合わせる。これも最初は音がするが、次第におさまってくる。

❺ 鍋の内側や野菜の表面に、ほんのり焼き色がつく程度まで、しっかり水分を飛ばし、旨みを凝縮させる。

⇧このときの焼き色が深みのあるスープの色と旨みの素となる。
⇧炒めた野菜に白ワインやホールトマトを加えたら、そのたびにしっかり水分を飛ばすことが煮込み料理の鉄則。

❻ 水3リットルを加える。沸騰するまで強火、あとは弱めの中火で煮込む。ここで塩、コショウをして下味をつける。ときおり混ぜながら、1時間ほど煮込む。

⇧あくまでも下味なので、最終的な仕上がりの5割方のイメージで味をつける。

❼ 野菜が少しくずれるまで、が煮込み上がりの目安。スープに野菜の旨みが充分に出ているか、味をみて確かめる。

❽ キドニービーンズの半量をフードプロセッサーにかけてピュレ状にする。このままでは混ざりにくいので、スープ少量でのばしてから鍋に加える。しばらく煮込み、塩、コショウで味を調える。

⇧このまま火を止めて、半日から一晩おくと味がなじんでさらにおいしくなる。

❾ オーダーが入ったら、1人分をフライパンに取り分ける。残りのキドニービーンズを少量加えて温め、パルミジャーノチーズを加えて混ぜ合わせる。

❿ さらにコクをつけたい場合は、EXV.オリーブ油を加えて混ぜる。皿に盛って提供する。

primo piatto スープ

LA BETTOLA

LA BETTOLA

第4章

セコンドピアット

「セコンドピアット」は2番目の皿という意味。パスタなどのプリモピアットに続くメインディッシュである。魚介料理と肉料理の構成。それぞれグリル、ムニエル、ソテー、ロースト、煮込みなどをそろえた。コースの流れに合わせて、タイミングよく、できたてのカリカリ、あつあつのおいしさを提供しよう。

secondo piatto

魚のグリル トマトのソース

Spigola alla Griglia con Salsa Pomodoro　スピーゴラ アッラ グリーリア コン サルサ ポモドーロ

鮮度のよい良質の魚は、シンプルにグリルするだけで充分おいしい。しかし焼いただけの魚では、レストランの料理としてオリジナリティが出しにくい。そんなときは、ソースや盛りつけを工夫して、アレンジを加えてみよう。ここでは魚のグリルに、生クリームを加えたトマトのソースを合わせている。同じ魚を使い、同じソースと合わせても、具を変えれば、印象の違った料理になる。その例として、トマトソースとスズキを使った3つのバリエーションを紹介する。少し工夫をすれば、料理をグレードアップさせたり、変化をつけることができる。

材料　1人分
白身魚（スズキ）＊
　…1切れ（80g）
塩、コショウ、強力粉…各適量
サラダ油…20cc

トマトのクリームソース（4人分）
　トマトソース（→27頁）＊＊
　　…300cc（裏漉し前）
　無塩バター…20g
　強力粉…小さじ1
　生クリーム…40〜50cc
セロリ、ニンジン、ズッキーニ
　（各拍子木切り）…各少量
アサツキ（小口切り）…少量

＊季節に応じた白身魚を使う。
＊＊常備しているものでよい。少量だけ手早くつくるなら、27頁を参照。

作り方

❶ トマトのクリームソースをつくる。ボウルにバターと強力粉を練り合わせておく。
⇧ソースにとろみをつけるために使う。

❷ トマトソースを裏漉しして鍋に入れ、少し煮詰めて水分を飛ばす。これを①のボウルに少量加えて、なめらかに混ぜ合わせてから、鍋の中に戻し入れる。全体を均一に混ぜ合わせる。
⇧濃度を近づけると混ざりやすくなる。

❸ トマトソースにとろみがついてきたら、生クリームを少しずつ加えて混ぜ合わせる。塩、コショウで味を調えて仕上げる。
⇧生クリームを加えたあとは、弱火を保って沸騰させないこと。

❹ ズッキーニ、ニンジン、セロリを歯応えが残る程度に塩ゆでして、③のソースの中に加えて混ぜ合わせる。

❺ 焼く直前に、スズキの皮目に浅くナイフを入れ、塩、コショウをふり、強力粉を薄くまぶす。フライパンにサラダ油少量を入れて熱し、皮目を下に向けて焼く。身が反らないように、すぐに別のフライパン数個を重しとしてスズキの上にのせて焼く。写真程度に周囲が白っぽく火が通ったら裏返す。
⇧重しをするとムラなく火が入り、均等にきれいな焼き色がつく。

❻ そのまま裏面もしばらく焼く。また、余分な油をきってオーブンに入れて加熱してもよい。皿に③のソースを流し、周囲に野菜をバランスよく散らす。中央にスズキを盛り、アサツキを散らす。

secondo piatto | 魚介

145

魚のグリル ウニのソース

Pesce alla Griglia con Salsa Riccio ペッシェ アッラ グリーリア コン サルサ リッチョ

シンプルな魚のグリルは、組み合わせるソースを変えるとまったく違った料理になる。ここでは贅沢に
ウニを使ったソースと合わせてみた。このソースはさまざまな料理に使えるので、とても便利。パスタにもよく合う。
ポイントはウニの風味を消さないように、火の入れすぎに注意すること。ウニを加える直前まで仕込んでおけるので、
料理の仕上がりのタイミングに合わせてウニを入れるといいだろう。
なお魚は皮をつけたまま、皮目をパリッとこうばしく焼き上げる。
手間いらずの手法として、重しをのせて焼くテクニックを解説する。

材料　1人分

白身魚（スズキ）＊
　…1切れ（70〜80g）
塩、コショウ、強力粉、
　サラダ油…各適量

ウニのソース
　ニンニク（みじん切り）…少量
　オリーブ油…適量
　ホールトマト（汁ごとつぶす）
　　…小さじ1
　白ワイン…15cc
　生クリーム…100cc
　生ウニ＊＊…大さじ1（約30g）
　無塩バター（仕上げ用）…10g
アサツキ（小口切り）…適量

＊白身魚は、その時々で入手できるものを選ぶ。旬が少しはずれた秋から冬のアイナメや養殖や輸入物のタイなどでもよい。切り身にして皮目に縮み防止の切り目を入れておく。
＊＊パスタソースとして使う場合は、ウニの分量を多めにする。

作り方

❶ ウニのソースをつくる。ニンニクをオリーブ油で色づけない程度に加熱したのち、ホールトマトを加える。

⇧ニンニクは、皮つきのままつぶして皮をむいてから、みじん切りにすると、手早く簡単。

❷ さらに白ワインを加えて、混ぜながらしばらく熱し、水分を飛ばす。

❸ ②が煮詰まってきたら生クリームを加える。

❹ こがさないように弱火でしばらく加熱する。塩1つまみを加えて味を調える。ソースはここまでまとめて仕込んでおける。

⇧生クリームはこげやすいので注意。

❺ 準備しておいた魚の切り身の両面に塩、コショウをふり、強力粉を薄くまぶしつける。

⇧この作業は、必ず焼く直前に行なう。魚の表面の水分をきちんとふいてから行なう。

❻ フライパンにサラダ油を入れて熱し、魚の皮目を下に向けて入れる。魚が平らな状態になるように、フライパンを数枚重ね、重しとして上にのせる。

❼ 皮つきの魚は、加熱によって皮が縮んで身が反ってしまう。これでは加熱が不均一になりやすく、見た目もよくない。通常はパレットナイフなどで押さえつけながら焼くが、この方法ならばその必要はない。

❽ 写真のように皮の縁までこうばしく焼けて、身に8割程度火が通ったところで重しをはずす。裏返して身のほうをさっと焼く。

❾ ソースを仕上げる。仕込んでおいた④のソースを人数分取り分けて火にかけて温め、ウニを入れる。

❿ すぐに火を弱め、ウニを少しくずして素早くソースになじませる。バターを加えてコクをつけて仕上げる。皿にソースを流し、⑧の魚を盛る。アサツキを散らす。

⇧ウニは生の風味が好まれるので、加熱しすぎは禁物。ウニを加えたら火を弱めるか止めて、余熱で温める程度にする。

secondo piatto｜魚介

魚の香草グリル

Pesce alla Griglia　ペッシェ アッラ グリーリア

一尾丸ごと焼き上げた魚のグリルは、シンプルながら豪快なメニューだ。
その日の仕入れに応じて魚の種類を変え、香草とニンニクをきかせてフライパンでこうばしく焼き上げて提供する。
お頭つきの魚は、切り身と違って焼くのに時間がかかるのが難点。
おいしく焼き上げるには、つきっきりで見ていなければならず、
お客のスピードに合わせてタイミングよく提供するのがむずかしい。
そこで途中まで焼き、提供直前に短時間で仕上げる工程を紹介する。

材料　1人分
メバル＊…1尾
塩、コショウ、強力粉…各適量
ニンニク…1片
ローズマリー、オレガノ、
　セージ＊＊…各1枝
サラダ油…適量
イタリアンパセリ（粗みじん切り）
　…適量

つけ合せ
　レモン…¼個
　ゆでたジャガイモ…適量

＊イサキ、カサゴ、アイナメ、キンメダイ、ホウボウ、ムツなど、フライパンで丸ごと焼けるサイズの魚を用意。
＊＊フレッシュを使用する。3種類すべてそろえなくてもよい。好みのものを1〜2種類で充分。

作り方

❶ メバルは包丁の切っ先で表面をこそげてウロコを取り除く。肛門から腹に横から包丁を入れて、切り目を入れておく。
⇧ウロコひきはシンクの中で流水を当てながら行なうと、周囲に飛び散ることがない。

❷ 魚を立てて腹を上に向け、エラの下側に包丁を入れると同時にエラのつけ根を切る。

❸ 指でエラを引っ張って取り除く。さらに腹の切り目からも内臓を引っ張って取る。流水に当てて、血などをきれいに洗い流す。
⇧エラを取った後のほうが内臓を取り出しやすい。

❹ ペーパータオルで水分をふき取ってから、身の両面に2本程度切り込みを入れる。全体(腹の中も)に塩、コショウをふる。
⇧火通りをよくするために切り目を入れる。
⇧このあとでまぶす強力粉が全体に薄くつき、カラッと焼き上がるように、水分は腹の中まで完全にふいておく。
⇧水洗いまで仕込んでおく場合は、塩、コショウをふる手前まで。

❺ 強力粉をまんべんなくまぶす。手でたたいて、余分な粉を落とす。

❻ フライパンにサラダ油とつぶしたニンニク、香草、メバルを入れる。メバルは油が汚れないうちに、盛りつけ時に上になる側から焼き始める。

❼ 香草の香りが出てきたら、こがさないようにすぐにニンニクとともにメバルの腹の中に詰める。

❽ 直接フライパンに当たらない頭の部分などは火が通りにくい。油に浸るようにフライパンを傾けるなどして、火が通りにくい部分を重点的に焼くこと。
⇧動かしている間に尾のつけ根が折れやすいので、充分注意する。

❾ 焼き色がついたら、裏返して同様に焼く。すぐに提供する場合はここで完全に火を通すが、仕込みおきをする場合は、焼き色がついたらフライパンから取り出しておく。

❿ 提供の6～7分前に、オリーブ油をひいた焼き皿に魚をのせて直火にかける。皿が熱くなったら、そのままオーブンに入れてしばらく焼く。ゆでたジャガイモとレモンを添えて、イタリアンパセリをふる。
⇧焼き皿が冷たいままオーブンに入れると、焼き時間がかかってしまう。

secondo piatto｜魚介

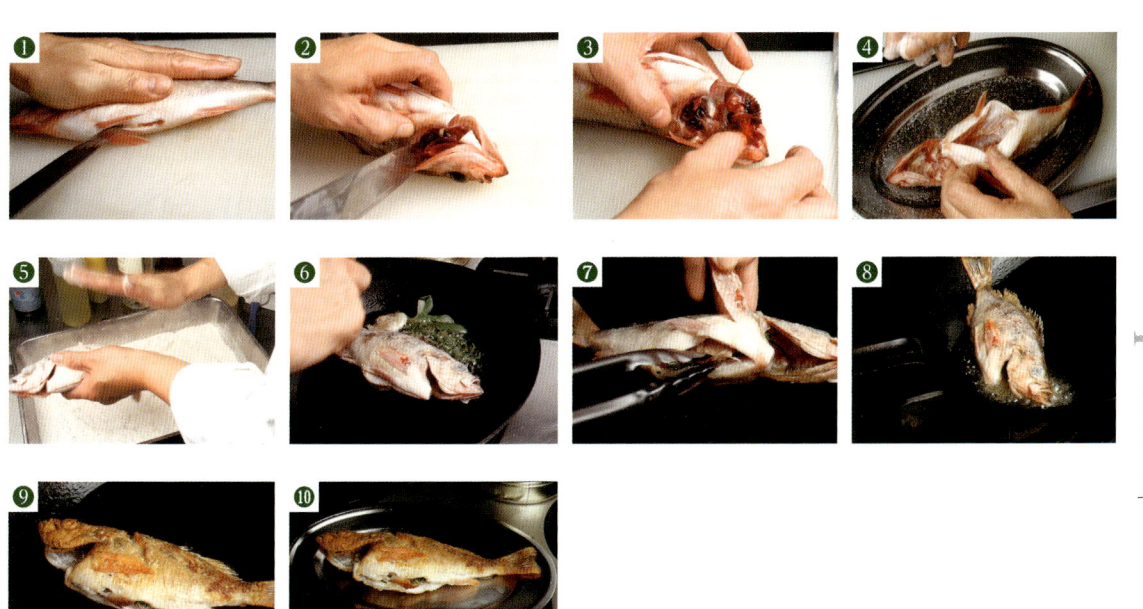

真鯛の岩塩包み焼き

Orata al Sale　オラータ アル サーレ

真ダイ一尾を丸ごと岩塩で包んで蒸し焼きにするおなじみの料理。
シンプルながら、焼き上がったときの豪快さは、演出効果にもすぐれている。
また真ダイのようにそのまま加熱するとパサつきやすい白身魚も、
じっくり蒸し焼きにするため、しっとり柔らかく仕上がる。
塩に卵白を混ぜ込むと包みやすくなり、なめらかできれいだが、ここではあえて卵白を混ぜず、
フレッシュの香草をたっぷり混ぜ込んだ岩塩をそのまま使ってタイに香りを移し、ざっくりと素朴な演出とした。

材料　1～2人分

真ダイ＊…1尾（約350g）
岩塩…適量
ニンニク（粗みじん切り）…1片
ローズマリー、セージ、タイム
（各粗みじん切り）＊＊…各2枝
イタリアンパセリ（粗みじん切り）
　…適量
EXV. オリーブ油…適量
レモン…適量

＊魚は新鮮なものを用意する。
＊＊乾燥品ではなく、フレッシュを数種類、たっぷり使う。香草はこのほか、イタリアンパセリ、バジリコなど好みのものを組み合わせて使ってもよい。

作り方

❶　真ダイの準備をする。ウロコは引かずにそのまま使う。腹側を上に向けて、エラブタの下から切り込みを入れて、内部にあるエラのつけ根を切る。指でエラを引っ張って取り除く。

❷　真ダイを横にねかせ、①で入れたエラブタの切り口からナイフを入れて腹を開く。内臓をかき出し、流水でよく洗って水気をふいておく。

❸　香草類は粗く刻む。香りが立つようニンニクもナイフでつぶしてから粗く刻む。両者をボウルに入れる。
⇧香草はあまり細かくしないで粗く刻んだほうが焼いたときに香りが逃げにくい。

❹　岩塩を加えてまんべんなく混ぜ合わせる。

❺　魚が尾までのる大きさの焼き皿または耐熱皿を準備する。まず香草入りの岩塩を少量平らに敷いてから、魚をのせる。その上に岩塩をかぶせる。
⇧皿のサイズに注意。魚が余裕をもって置ける大きさが必要。

❻　火が通る時間がかかる頭や身の厚い部分は岩塩を薄めにおおう。200℃のオーブンで約30分間焼く。
⇧ぎゅっと押さえつけておおうが、やりにくかったら水を少量混ぜてつなぎにするとよい。

❼　塩表面の焼き色と時間が焼き上がりの目安となる。完全に火が入ったかどうか不安な場合は、オーブンから出したらしばらくおいて余熱で火を入れる。

❽　焼き上がりを客席まで運んで見せてから、サーブする。まず魚の周囲に沿って、スプーンで塩をたたいて切り目を入れる。一方の端を持ち上げてきれいに取りはずす。

❾　真ダイについた塩をできるだけ取り除いて、魚だけを別皿に取り出す。エラに沿って切り目を入れて、頭をはずして取る。次に背ビレをフォークで引っ張って取り除く。

❿　腹側の切り目から皮を持ち上げて、身をはがす。中骨に沿ってスプーンを入れて、身をくずさないように別皿に盛りつける。身を裏返して、もう一方の身も同様に。イタリアンパセリをふり、EXV.オリーブ油をかけて、レモンを添える。

secondo piatto ｜ 魚介

151

エイのムニエル ニンニク入りトマトソース

Razza alla Mugnaia con Salsa Pomodoro ラッツア アッラ ムニャイア コン サルサ ポモドーロ

エイは地域によってはなじみが薄いせいか、あまり積極的に使われていないようだ。
しかし下ゆでを済ませておけば、提供時の調理に特別な手間はかからない。
またゼラチン質を多く含んだ身は、柔らかくあっさりとしていて、しかも安価。思いのほか重宝する素材である。
ここでは、周りに小麦粉をつけてカリッと香ばしく焼き上げ、シンプルなトマトソースを添えた。
エイの身には強い個性がないので、アクセントとしてソースにニンニクをきかせている。

材料
下ゆで用
エイのヒレ＊…適量
塩、ワインヴィネガー＊＊
　…各適量
玉ネギ（薄切り）…適量
ニンジン（薄切り）…適量
セロリ（ぶつ切り）…適量

（以下は1人分）
エイのヒレ（下ゆでしたもの）
　…約¼枚
塩、コショウ、牛乳、強力粉
　…各適量
サラダ油…20cc
無塩バター…10g
白ワイン…15cc
ニンニク…½片
トマトソース（→27頁）…100cc
水…少量
無塩バター（仕上げ用）…10g
イタリアンパセリ（粗みじん切り）
　…適量

＊エイのヒレは鮮度が第一。少しでもにおうものは避ける。
＊＊ワインヴィネガーは白と赤のいずれでもよい。

作り方

❶ エイを下ゆでする。玉ネギとニンジンは薄切りに、セロリは包丁でたたいてから適当な長さに切る。

❷ 大鍋に湯を沸かし、沸騰したら塩、ワインヴィネガー、①の玉ネギ、ニンジン、セロリ、エイを入れる。

❸ 再度沸騰してきたら、表面のアクを取り除いて火を止める。そのまま冷めるまでおいて、余熱でゆっくり火を入れる。
⇧エイを入れてからは煮立てないこと。身が柔らかいのでくずれてしまう。

❹ 完全に冷めたら、バットに取り出す。使うまで冷蔵庫で冷やしておく。
⇧ゼラチン質が多く、身が柔らかいので、そのままでは扱いにくい。下ゆで後は充分に冷やして固めておく。

❺ 1人分に切り分け、両面に塩、コショウをする。さらにまんべんなく牛乳をつけて、5分間おく。
⇧牛乳をつけることで旨みが増す。また表面の焼き色がきれいにつき、香ばしくカリッと仕上げることができる。

❻ 表面に強力粉をまんべんなくつけて、サラダ油とバターを入れて熱したフライパンに入れる。
⇧最初の油の温度が低いと、きれいな焼き色がつかない。バターが溶けてパチパチと音がするまで熱くしておく。

❼ 焼き色がついたら裏返す。このまま同様に焼き続けてもよいが、オーブンに入れて2～3分間焼いてもよい。

❽ 裏面にも焼き色がついたら、白ワインをフライパンの周りから回し入れる。強火でワインのアルコールを飛ばし、エイに旨みをプラスする。

❾ 先にエイを取り出して皿に盛りつけ、あいたフライパンにサラダ油を少量足し、ニンニクのみじん切りを入れて加熱する。

❿ 香りが出てきたら、トマトソースと水少量を加える。しばらく煮詰めて、塩、コショウで味を調え、仕上げにバターを加えて溶かし混ぜる。盛りつけたエイにかけて、イタリアンパセリを散らす。

ナポリ風アンコウのグリル

Coda di Rospo alla Napoletana　コーダ ディ ロスポ アッラ ナポレターナ

冬から初春にかけて出回るアンコウは、身が柔らかくて火が通りやすい魚。オーブンに入れて焼く必要がないため、手軽に使えるのが利点である。淡白な味わいなので、トマトベースの個性的なソースを合わせた。
ナポリ風（アッラ・ナポレターナ）という名前は、トマトとニンニク、アンチョビー、オリーブを使った料理に使われている呼び名である（ただし内容は29頁で紹介したプッタネスカソースと同じ）。
スピードアップが必要な場合は、ソースをまとめて仕込んでおいて、それを使うことも可能だ。

材料　1人分
アンコウ（尾の部分）…2切れ
塩、コショウ、強力粉…各適量
オリーブ油…適量
ニンニク…1片
ローズマリー…1枝
黒オリーブ＊…5〜6粒
ケッパー（粗みじん切り）…5g
アンチョビー…1枚
白ワイン…15cc
ホールトマト（汁ごとつぶす）、
　またはトマトソース…100cc
水…少量
イタリアンパセリ（粗みじん切り）
　…少量
EXV. オリーブ油…適量

＊黒オリーブは包丁で押しつぶして種を取り除き、粗く刻む。

作り方

❶ アンコウの処理をする。まず皮に切り目を入れる。

❷ 切り目から皮をめくって裏返し、身をしっかりつかんで尾側に引っ張ってむき取る。
⇧皮は柔らかくなるまでゆで、刻んでソースに加えたり、別途サラダなどに使ってもよい。

❸ 身の表と裏にヒレがあるので、どちらも根元に切り目を入れて切り取る。

❹ 厚さ2cmの筒切りにする。この2切れ分が1人分となる。
⇧アンコウは骨が柔らかいので、出刃包丁でなくても普通の包丁で容易に切ることができる。

❺ 周囲の薄い膜には数ヵ所に切り目を入れる。焼く直前に、両面に塩、コショウをして、強力粉を軽くまぶす。
⇧薄い膜に切り目を入れて、加熱で膜が縮んで身が反るのを防ぐ。

❻ フライパンにオリーブ油を入れて熱し、❺のアンコウを入れる。フライパンの隙間につぶして皮をむいたニンニクとローズマリーを入れて香りを移しながら焼く。

❼ 焼き色がついたら裏返す。ニンニク、ローズマリーを取り出してから、フライパンの油を少し捨てて、白ワインを回し入れる。

❽ しばらく煮詰めて水分を飛ばしてから、黒オリーブ、アンチョビー、ケッパーを加える。フライパンの中でアンチョビーをつぶしながら、全体に充分混ぜ合わせる。

❾ ホールトマトまたはトマトソースと水少量を加える。塩、コショウで味をつける。このまましばらく煮詰めてアンコウに火を入れる。
⇧味つけのコショウは強めにきかせるが、アンチョビーの塩分が強いので塩は少量にとどめる。

❿ イタリアンパセリを加え、❼で取り出しておいたニンニクとローズマリーを戻す。アンコウを先に盛りつける。ソースにEXV.オリーブ油を加えてなめらかに乳化するまで混ぜて、トロリとしたらアンコウにかける。

secondo piatto｜魚介

155

魚のジャガイモのせ オーブン焼き

Pesce Arrosto con Patate ペッシェ アッロスト コン パターテ

魚の切り身をソテーして、ジャガイモとトマトとともに重ねてオーブンで焼き上げた料理。
組み合わせはシンプルだが、相性がよく、素朴な味わいが魅力。思いのほか食べ応えのある一皿である。
ジャガイモは味がぼけやすいので、塩、コショウ、香草をきかせて、しっかり下味をつけておく。
なお、魚はイサキを使ったが、このほかマトウダイなど、小型で身がしっかりした白身魚ならば、魚種を問わない。

材料　1人分

白身魚（イサキ）…1尾
塩、コショウ、強力粉…各適量
ジャガイモ（メークイン）…1個
玉ネギ…¼個
オリーブ油…少量
香草ペースト（→31頁）＊
　…少量
ワインヴィネガー（白または赤）
　…5cc
白ワイン…30cc
パルミジャーノチーズ…小さじ1
無塩バター…少量
トマト（薄切り）…4枚
トマトソース（→27頁）…少量
パルミジャーノチーズ、パン粉、
イタリアンパセリ（粗みじん切り）
　…各適量

＊ローズマリー、セージ、タイムなどのフレッシュの香草を細かく刻んでオリーブ油に漬けたもの。保存がきき、幅広い用途に使用できて便利。

作り方

❶ ジャガイモの準備をする。かためにゆでておいたジャガイモの皮をむいて、1～2mm厚さに切る。玉ネギは薄切りにする。以上をボウルに入れて、塩、コショウし、香草ペースト、オリーブ油を加えてまんべんなく混ぜ合わせる。
⇧ジャガイモは本来生を使うが、ゆでておくと焼き時間が短縮できる。
⇧塩、コショウはしっかりと。

❷ イサキは三枚におろす。皮をむき、身に残った骨を骨抜きで抜いておく。
⇧イサキは骨がかたいので、おろすときには要注意。また骨の取り残しがないように、ていねいに骨抜きすること。

❸ イサキの両面に塩、コショウして、強力粉を薄くまぶす。オリーブ油をひいたフライパンで、両面を焼く。仕上げにワインヴィネガーを加えて、水分を飛ばしながら魚にからめる。
⇧しっかりと水分を飛ばし、旨みを凝縮しておく。

❹ 耐熱皿に①のジャガイモを少量敷き、焼き上がったイサキをのせる。
⇧イサキが耐熱皿に直接当たらないようにジャガイモの上にのせる。

❺ ③のフライパンに、白ワインを注ぎ入れて火にかける。塩、コショウしてパルミジャーノチーズを加え、フライパンを回して全体をよく混ぜながら加熱する。

❻ 次第にパルミジャーノチーズが溶けて、トロリとしたソース状になる。仕上げにバターを加えて溶かし込んで、濃度とコクをつける。

❼ ④のイサキの上からソースを回しかける。

❽ 残りのジャガイモの半量で魚をまんべんなくおおい、トマトの薄切りをのせる。塩少量をふる。

❾ さらに残りのジャガイモをのせ、すりおろしたパルミジャーノチーズとパン粉をふる。200℃のオーブンで焼く。

❿ 表面にうっすらと焼き色がつき、グツグツと煮立ってきたら、周囲にトマトソースをかける。再度オーブンに入れて、こうばしい焼き色をつける。イタリアンパセリをふって提供する。
⇧最初からトマトソースをかけるとこげてしまう。

secondo piatto｜魚介

手長エビの白ワイン風味
Scampi al Forno con Vino Bianco スカンピ アル フォルノ コン ヴィノ ビアンコ

長いはさみを持った手長エビ（アカザエビ）を丸ごと使う。見た目にも迫力のある一皿だ。
手長エビは身が柔らかくて甘みがあり、シンプルにグリルするだけでもおいしいが、
ここでは甘酸っぱいソースを添えたスタイルを紹介する。
フライパン一つででき、手順も簡単だが、むずかしいのはソースの煮詰め加減。シャバシャバでなく、
かといってドロリとしては煮詰めすぎ。エビの味を損なわないようにほどよい加減に詰める。
またエビには火が入りすぎないように充分注意する。

材料　1人分

手長エビ＊…2尾
塩、コショウ…各適量
レモン汁…1/4個分
白ワインヴィネガー、
　オリーブ油…各20cc＊＊
白ワイン…60cc
砂糖…1つまみ
イタリアンパセリ（みじん切り）
　…適量
無塩バター…少量

＊季節によって国産、南半球（ニュージーランド・オーストラリア）産があり、チルド、冷凍品と状態もさまざま。ここではニュージーランド産の冷凍品を使っている。
＊＊レモン汁とほぼ同量ずつ加える。

作り方

❶ 手長エビの背中側を上にして構え、頭のつけ根部分にナイフの切っ先をつき刺す。そのままナイフをおろして、頭を2等分に割る。

❷ 手長エビの向きを変えて、頭部の切り目に沿って胴体にもナイフを入れて切る。下側にある殻まで切り落とさずに尾まで切り目を入れて、殻ごと身を開く。

❸ エビの頭の上に砂袋（黒くて小さな塊）がある。口当たりが悪いので、指でつまんで取り除いておく。

❹ さらに背中側に入っている背ワタを取り除く。

❺ フライパンに、開いた身側を上に向けて重ならないように並べ、身に軽く塩、コショウをふる。

❻ フライパンを斜めに傾け、白ワインと白ワインヴィネガー、レモン汁、オリーブ油、砂糖、塩、コショウをフライパンのあいた部分に入れる。

⇧これはソースの材料なので、直接手長エビにかからないように注意。

❼ 手長エビの上にイタリアンパセリを散らす。フライパンを回してソースの材料を混ぜながら火にかける。ソースが沸いてきたら、フライパンごとオーブンに入れて1～2分間加熱する。

❽ 写真のようにエビの身全体が白っぽくなってきたら加熱終了。すぐにオーブンから取り出し、手長エビを皿に盛る。

⇧加熱しすぎると身がかたくなってしまうので注意。ジューシーで柔らかく、甘みのある身を生かす。

❾ 残った汁でソースをつくる。フライパンを火にかけて、ゆらして混ぜながら煮詰める。塩、コショウで味を調えて、バター少量を加えて溶かしながら混ぜる。

⇧水分と油分が混ざってトロリとするまで煮詰める。煮詰め加減がポイント。

❿ 手長エビに回しかけたら、すぐに提供する。

⇧手で殻を持って気兼ねなく食べられるように、フィンガーボールを一緒にサービスするのを忘れずに。

secondo piatto｜魚介

魚介類のチーズパン粉焼き
Frutti di Mare alla Pangrattata al Forno フルッティ ディ マーレ アッラ パングラッタータ アル フォルノ

殻つきのホタテ貝と手長エビを軽くマリネしてから、チーズ入りのパン粉をかけて香ばしく焼き上げる。
調理プロセスは簡単だが、ダイナミックな料理となる。クリスマスやパーティなどにも映える豪華な料理でもある。
トマトでつくるケッカソースは、フレッシュ感のある応用性の高い便利なソースだ。
またチーズパン粉はつくっておけば保存がきくし、こちらも幅広い料理に使える便利なもの。
いずれもほかの料理と共有できるので、ムダなく利用できる。

材料　1人分
手長エビ…1尾
ホタテ貝（殻つき）…1個
マリネ液
　イタリアンパセリ
　　（粗みじん切り）…2つまみ
　ニンニク（みじん切り）
　　…½片分
　オリーブ油…30〜40cc
　レモン汁…½個分
　塩、コショウ…各適量
チーズパン粉（→39頁）
　…大さじ3〜4
ケッカソース（→30頁）
　…大さじ1
レモン…¼個
イタリアンパセリ（粗みじん切り）
　…少量

作り方

❶ 手長エビを縦半分に切り開く。まず頭のつけ根を押さえて構え、ナイフの先をつけ根に差す。

❷ そのままいきおいをつけて切り下ろして頭を割る。

❸ 次に胴体部分も同様に縦に切り開くが、腹下の殻は切らないように注意する。

❹ 胴体の一部をつけたまま、手長エビを開く。

❺ 頭に砂袋があるので取り除く。そのまま尾側まで引っぱると、一緒に背ワタも取れる。殻つきホタテ貝は、平らなほうを上にして持ち、右側からナイフを差し入れると柱がはずれる。上の殻と貝柱の周囲のワタを取り除く。

❻ マリネ液をつくる。バットに塩、コショウをふり、イタリアンパセリとニンニクを入れ、レモン汁を搾り入れる。オリーブ油を加えながら、全体をまんべんなく混ぜ合わせて、トロリとした状態にする。

❼ ⑤の手長エビと殻つきホタテ貝をマリネ液に浸ける。この状態で最低2～3分間おく。

⇧マリネすることで、身に下味と香りがつくとともに、しっとりとした焼き上がりになる。しかし旨みが抜けるので長時間浸けすぎないこと。

❽ 天板に手長エビとホタテ貝の身を上に向けておく。ホタテ貝にはケッカソースをのせる。

❾ 手長エビとホタテ貝の身に、チーズパン粉をたっぷりのせて、220℃のオーブンで焼く。チーズパン粉が色づいてカリッとしたら取り出す。皿に盛りつけ、イタリアンパセリをふり、レモンを添える。

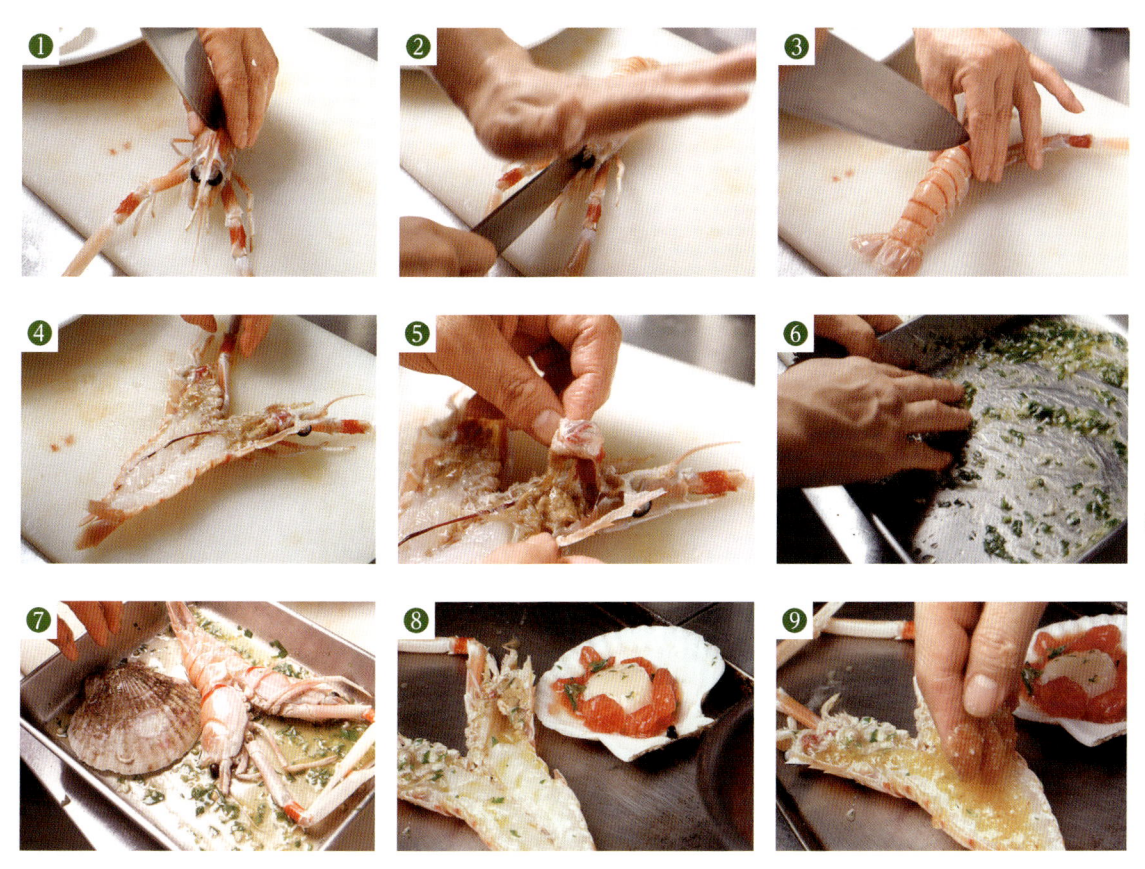

secondo piatto | 魚介

ズッパ・ディ・ペッシェ

Zuppa di Pesce ズッパ ディ ペッシェ

魚介類を盛りだくさんに使ったイタリアの定番スープ。
大皿に数人分をまとめて盛りつけて提供すれば、見た目にも豪華な一品となる。
魚介類の種類に決まりはない。季節に応じて、その時々で準備できるものを使えばよいが、
丸ごと1尾の魚を中心に、エビとイカ、数種類の貝を組み合わせるのが定番だ。種類が多いほうが旨みも増す。
ただしエビとイカは加熱しすぎると身がかたくなりやすいので、必ず途中で加えること。

材料　約3人分

ホウボウ＊…1尾
イカ…小2杯
エビ…6尾
アサリ（殻つき）＊＊…150g
ムール貝（殻つき）＊＊＊…150g
ニンニク…1片
玉ネギ（みじん切り）…¼個
赤唐辛子…½本
イタリアンパセリ（みじん切り）
　…少量
オリーブ油…適量
白ワイン…200cc
ホールトマト（汁ごとつぶす）
　…600cc
EXV. オリーブ油…適量
塩、コショウ…各適量

＊頭をつけたまま、内臓を取り除き、表と裏に斜めの切り目を入れておく。
＊＊塩水につけて砂抜きしておく。
＊＊＊黒っぽい紐状のものを引っ張って取り除き、よく洗っておく（→79頁）。

作り方

❶ つぶしたニンニクをオリーブ油で温めて香りを出す。玉ネギを加えてさらに炒め、イタリアンパセリと赤唐辛子（種を除く）を加える。
⇧鍋は魚介類が一面に並べられる大きさを選ぶこと。

❷ イカを除いた魚介類をすべて入れる。重ならないように入れてしばらく炒める。白ワインを注ぎ入れる。
⇧白ワインを入れたときにジューッと音がするくらい熱くなっていることが大切。

❸ エビは赤く色が変わったら、すぐに取り出しておく。
⇧加熱しすぎに注意。

❹ 途中でホウボウをくずさないように裏返す。さらに加熱する。
⇧ここで白ワインはきっちりと煮詰めて旨みを凝縮しておく。

❺ 貝類の殻がすべて開いたら、ホールトマトを加える。さらに全体が浸るくらいまで水を注ぎ、塩、コショウを加える。
⇧貝類に火を通しすぎないようにしたい場合は、ここで貝類を取り出しておくとよい。

❻ 沸騰してきたら、蓋をして10分間煮込む。
⇧沸騰したらオーブンに入れて煮込んでもよい。

❼ ホウボウに完全に火が入ったかどうか確認する。

❽ イカは皮をむく。胴は輪切りに、そのほかの部分は食べやすい大きさに切る。

❾ 塩、コショウで⑦の味を調える。ホウボウを皿に取り出してから、イカと③のエビを入れてしばらく加熱する。

❿ ホウボウの周りにそのほかの魚介類をきれいに盛りつける。全体に煮汁を回しかけて、EXV.オリーブ油をかけ、イタリアンパセリを散らす。好みで薄切りにして焼いたパンを添える。

secondo piatto ／ 魚介

鶏の悪魔風

Pollo alla Diavola　ポッロ アッラ ディアーヴォラ

鶏1羽を1枚に開いて、重しをかけながら焼き上げるトスカーナ地方やローマ地方などでつくられる伝統料理である。
名前の由来は諸説あるが、開いた形がマントを広げた悪魔のように見えるから、というのがその一つ。
ただし1羽丸ごとでは1人分には大きすぎるので、500g程度のヒナ鶏の半身程度が適量だろう。
非常にシンプルな料理なので、主材料の鶏は肉の繊維がしっかりしていて旨みのあるものを選びたい。
重しをかけるのは、肉の厚さを均一にして早く焼き上げるのが目的。しっかりと押さえられているので、
皮目がパリッとこうばしく焼き上がる。火にかけてしまえば、手間いらずだが、焼き上がりの見極めがむずかしい。

材料　1人分

ヒナ鶏(中抜き・1羽450〜500gのもの)
　…½羽
塩、コショウ…各適量
セージ、タイム、ローズマリー＊
　…各2〜3枝
ニンニク…1片
サラダ油…20cc
レモン…¼個

＊フレッシュを使用。今回は3種類だが、好みのものを使ってよい。

作り方

❶ 鶏をさばく。まず背中側を手前に向けて、首のつけ根から背骨に沿って尻まで、両側に切り目を入れる。首の根元を持って引っ張りながら、肋骨の上にナイフを入れて、尻まで肉を切りはずす。

❷ 次に鶏の向きを逆にして腹側を手前に向ける。首元からナイフを入れて尻まで切り目を入れる。

❸ 首元から半身を手でつかんで引っ張ると、①、②で入れておいた切り目に沿って半身がはずれる。

❹ モモと胸に切り目を入れて、全体を平らに開く。手羽先には切り目を入れて、胸から離れないように先を引っかけて固定する。早く均等に火が入るように、肉の厚い部分や関節にはすべて切り目を入れておく。
⇧切り目を入れると、均等に焼けて味がよくなるだけでなく、食べやすくもなる。

❺ 両面に塩、コショウを多めにふる。
⇧とくに皮側は塩がしみ込まず、加熱中に流れ落ちやすいので、やや多めにふっておく。

❻ フライパンにサラダ油、ニンニク（皮つきのまま）、ハーブ類を入れてしばらく加熱し、油に香りを移す。

❼ 一度ニンニクと香草類を取り出してから、皮目を下にして鶏を入れる。火加減は強火。上に先ほどの香草類とニンニクの皮をむいたものをのせる。

❽ 上に焼き皿をのせて平らにし、重しをのせる。手近な鉄製のフライパンを何枚か重ねてのせるとよい。この状態で数分間じっくりと焼く。火加減は中火から徐々に弱火にしていく。
⇧重しは何でもよいが、しっかりとした重さが必要。

❾ 焼き加減は肉汁や血のにじみ具合、指で押してみたときの弾力などで判断する。この料理は裏返して焼かない。写真のように全体が白くなり、肉汁が澄んだ状態になれば、ほぼ大丈夫。

❿ このとき、裏の皮目にはこうばしい焼き色がついていなければならない。油をきって皿に盛り、レモンを添える。

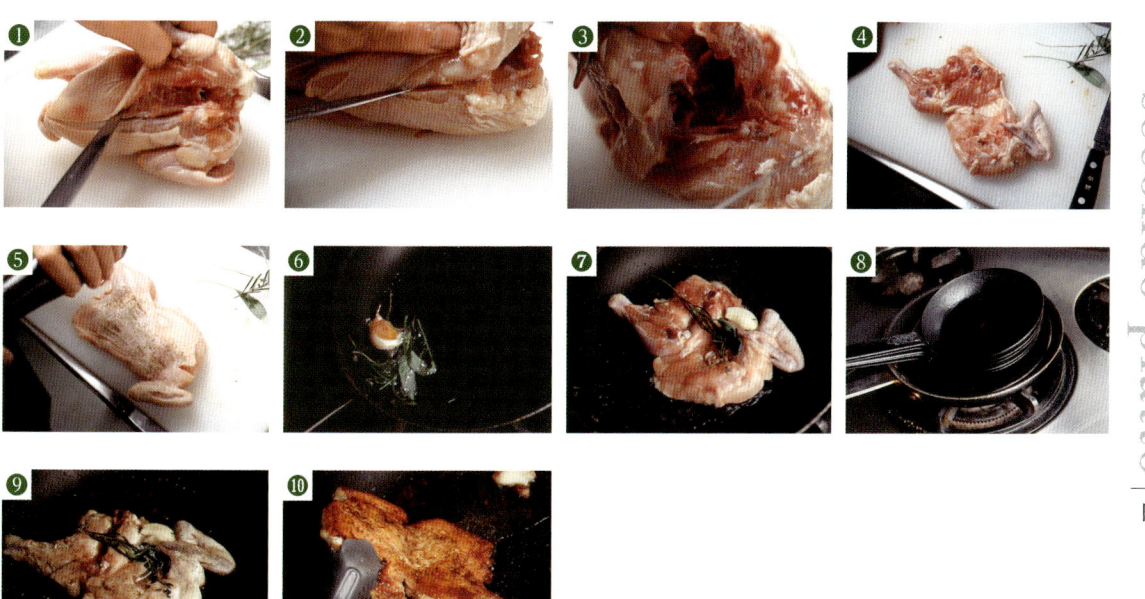

secondo piatto｜肉

鶏とちりめんキャベツのロースト
Pollo Arrosto con Cavolo Verza　ポッロ アッロースト コン カーヴォロ ヴェルツア

鶏とちりめんキャベツを鍋の中で蒸し焼きにして、仕上げに香ばしく焼き上げた料理である。鶏肉はもちろんのこと、肉汁をたっぷり含んだちりめんキャベツが実においしくなる。
材料を鍋に仕込んでしまえば、あとはオーブンが仕上げてくれるので、手間いらずの簡単料理でもある。
鶏は旨みの強い地鶏タイプの肉を選ぶこと。そしてキャベツは、ぜひちりめんキャベツを使いたい。
煮込んでも煮くずれることがなく、たっぷり煮汁を吸い込んでくれる、煮込みに最適なキャベツである。
普通のキャベツでは、まったく違う味になるので代用は難しい。

材料　2人分

ヒナ鶏（中抜きで1羽300gのもの）＊
　…1羽
ちりめんキャベツ…¼個
パンチェッタ（短冊切り）…50g
オリーブ油…30〜40cc
白ワイン＊＊…300cc
塩、コショウ…各適量

＊鶏は旨みが濃いものを使う。
＊＊白ワインは手頃な料理用で充分。ただし個性のある高級ワインを使って特徴を出すのも手である。その場合は料理名にもワインの名前を冠するとよい。

作り方

❶ ちりめんキャベツは芯を取り除いて、約2cm幅のざく切りにする。

❷ 鶏は尻の部分からナイフを入れて、まず腹側の中央を切る。

❸ 鶏を裏返して、背中側も同様に切って、骨ごと身を2等分にする。

❹ 鶏の両面に塩、コショウをふる。
⇧内側の骨の部分にも、まんべんなくふっておくこと。

❺ 鍋にオリーブ油を入れて、パンチェッタを加える。脂が出てカリカリになるまでこがさないように、最初は中火で、徐々に弱火に落として炒める。
⇧鍋はこのまま蒸し焼きに使うので、開いた鶏1羽分が重ならないで入るもの、またあまり深すぎないものを使う。うまく蒸し焼きにするためには、鍋の大きさがポイントになる。大きすぎてはだめ。

❻ ④の鶏の切り口を下に向けて鍋に並べる。さらに鍋と鶏の隙間に①のちりめんキャベツを詰める。

❼ 半分の高さまで白ワインを注ぎ、全体に塩を軽くふる。グツグツ沸騰してきたら、蓋をしてそのまま、180℃のオーブンに入れて蒸し焼きにする。

❽ 30分間ほど煮込むと、鶏に火が入り、鶏から出た汁をキャベツが吸い込む。これで蒸し焼きが終了。次に今度は蓋をはずして220℃のオーブンに戻し、表面に焼き色をつける。

❾ 写真のように、鶏の皮目にまんべんなくおいしそうな焼き色をつける。鶏とキャベツを皿に盛りつける。
⇧なお蒸し焼きをすませたところまで仕込んでおけば、食べるときに人数分を小鍋に取り分けて、オーブンで温め、焼き色をつけるだけですむ。

secondo piatto | 肉

ウズラの田舎風ロースト

Quaglia Arrosto alla Campagna　クアッリア アッロスト アッラ カンパーニャ

ウズラを開いて塩、コショウで焼き上げたシンプルなロースト。ウズラは164頁（鶏の悪魔風）の要領で開いて骨を取り除き、1枚の状態にする。骨を抜く手間はかかるが、フライパンを使って短時間で焼くことができる。
つけ合せはパンチェッタや玉ネギとともに炒めたジャガイモのソテー。
ウズラをローストしたときの焼き汁などをじっくりと含ませているので、旨みも濃厚。
素朴で食べ応えのあるセコンドに仕上げた。
なお、ここではウズラの焼き汁をソースにしたが、35頁のペーストを使ったキノコソースも合う。

材料　1人分

ウズラ…1羽
塩、コショウ…各適量
オリーブ油またはサラダ油
　…約20cc

つけ合せとソース

　ジャガイモ＊…1個
　マッシュルーム（薄切り）…3個
　パンチェッタ（拍子木切り）…30g
　玉ネギ（薄切り）…⅛個
　ローズマリー…1枝
　ウズラのだし汁＊＊…45cc
　水…少量
　オリーブ油…適量
　白ワイン…15cc
　無塩バター…15g
　塩、コショウ…各適量

＊皮つきのまま丸ごとかためにゆでておく。
＊＊ウズラの骨を香味野菜（ニンジン、玉ネギ、セロリなど）とともに炒めて、水を加えて煮出し、漉したもの。骨は冷凍して保存しておき、まとまったときに仕込んで冷凍保存しておくとよい。

作り方

❶ ウズラは背中から切り目を入れて、脚先と手羽先の骨を残して、すべての骨を取り除いて開く。両面に塩、コショウをふる。

❷ フライパンにオリーブ油またはサラダ油を入れて加熱し、ウズラを皮側から焼き始める。

❸ ウズラ全体にきれいな焼き色がついたら裏返し、火を弱めて焼く。
⇧そのままオーブンに入れて焼き上げてもよい。

❹ つけ合せとソースをつくる。別のフライパンにオリーブ油をひいて、玉ネギ、パンチェッタを入れて、透明感が出るまで炒める。

❺ 火が入ったら、マッシュルームを炒め、ローズマリーを加える。

❻ かためにゆでたジャガイモは皮をむいて、厚めに切る。⑤のフライパンに加えてしばらく炒めて、塩、コショウする。
⇧ジャガイモをゆでるときは丸のまま皮つきでゆでるとくずれないので、旨みが流出しない。

❼ ③のウズラが焼き上がったら、皿に取り出す。フライパンに残った焼き汁に、白ワインを加えて煮詰める。もとの焼き汁と同じくらいの分量まで煮詰まったら、ウズラのだし汁を加えて煮立て、⑥のフライパンに加える。

❽ しばらく煮込んでグツグツとしてきたら、でき上がり。ジャガイモを皿に盛りつけて、取り出しておいたウズラをのせる。

❾ ソースを仕上げる。フライパンに残った焼き汁にバター少量を入れて溶かして混ぜ込み、ソースとする。煮詰まりすぎた場合は、水少量を加えてのばす。塩、コショウで味を調える。

❿ ウズラの上からソースをかけ回して提供する。

secondo piatto | 肉

鶏のカッチャトーラ風
Pollo alla Cacciatora　ポッロ アッラ カッチャトーラ

「カッチャトーラ風＝猟師風」は、トマト煮にするものもあるが、本書では、トマトソースやだし汁を加えず、水で煮込んだシンプルなレシピを紹介する。一般に煮込み料理は冬の印象が強いが、この料理はそれほど重たくなく、酸味と辛みがほのかにきいているので、暑い季節にも好まれる。ウサギや仔羊などでもよいが、ここではヒナ鶏を丸ごとぶつ切りにして、骨から出る旨みも充分に生かす。ポイントは、煮汁を煮詰める作業。ヴィネガーや白ワインを加えたときに、それぞれをしっかりと煮詰めて、旨みを凝縮しておくこと。これがうまくいかないと、見た目も味も水っぽい料理になってしまう。

材料　4人分
ヒナ鶏（中抜き・約1.2kg）＊…1羽
塩、コショウ、強力粉…各適量
サラダ油…100cc
玉ネギ（薄切り）…¼個
ニンニク…1片
ローズマリー…1～2枝
赤唐辛子…1本
ワインヴィネガー（赤あるいは白）…100cc
白ワイン…250cc
水…800cc
マッシュポテト＊＊
　ジャガイモ…200g
　牛乳…80～90cc
　無塩バター…15g
　パルミジャーノチーズ…20g
　塩…適量

＊仔羊やウサギでもよい。
＊＊ジャガイモは皮をむいて乱切りにする。鍋にジャガイモを入れて浸るくらいの水を入れ、火にかける。柔らかくなったら湯をきり、マッシャーでつぶす。牛乳、パルミジャーノチーズ、バター、塩を加えて味を調える。

作り方

❶ ヒナ鶏を縦半分に切って、モモ肉をつけ根から引っ張ってはずす。モモ肉、胴ともにそれぞれ3等分して、同じくらいの大きさにそろえる。

❷ 鶏肉をバットに広げて、塩、コショウをふる。強力粉を全体にまんべんなくまぶしつける。
⇧この強力粉が肉の旨みを内部に保つ壁となり、ソースにとろみをつける。

❸ フライパンにサラダ油とニンニクを入れて火にかけ、温まってきたら鶏肉を重ならないように並べる。さらにローズマリーと赤唐辛子を入れて、油に香りを移しながら鶏肉を焼く。

❹ 鶏肉に濃い目の焼き色がついたら裏返す。同様に、全面をまんべんなく焼きつける。ニンニク、赤唐辛子、ローズマリーはこげそうになったら取り出しておく。すべての肉に濃い目の焼き色がついたら、別鍋に移す。フライパンに残った肉汁と油も少量加える。
⇧この焼き色がソースのコクと色づけになる。

❺ 別の鍋に少量のサラダ油（分量外）と玉ネギを入れて、甘みが出るまで炒める。うっすらと色づいてきたら鶏肉の鍋に加える。

❻ ⑤の鍋を火にかけて、鍋底がグツグツしてきたら、ワインヴィネガーを加える。全体を混ぜ合わせて、油とヴィネガーをなじませながら、水分を飛ばす。
⇧こげないように注意しながら完全に水分を飛ばすこと。この煮詰め加減がおいしさの決め手。しっかり煮詰めて旨みを引き出す。

❼ ほぼ水分が煮詰まったら、白ワインを注ぎ入れる。鍋をゆすりながら、白ワインが¼量程度になるまで煮詰める。
⇧ここでもしっかり白ワインを煮詰めること。

❽ 白ワインが煮詰まってくると、水分と油分がなじんで乳化し、トロリとした状態になって、旨みが凝縮される。
⇧鍋底がこげつきやすいので、絶えず鍋を動かしながら煮詰める。ここで手を抜くと水っぽい仕上がりになってしまう。

❾ ひたひたになるまで水を注ぎ、塩少量を加える。沸騰するまで強火、沸騰したら火を弱めて蓋をし、約30分間煮込む。煮汁が半分くらいなって、トロリとすればよい。皿に盛りつけて、つけ合せのマッシュポテトを添える。
⇧煮汁にもっと濃度をつけたいときは、仕上げに強力粉をまぶしたバターを溶かし込む（→188頁仔羊のロースト）。

secondo piatto ｜ 肉

黒豚のグリル トリュフ風味のキノコソース
Maiale alla Griglia con Pesto di Funghi　マイアーレ アッラ グリーリア コン ペスト ディ フンギ

キノコソースは、素となるペーストをつくっておけば手軽にできる。このソースは豚肉のほかにも、鶏肉、各種魚のムニエルなどに応用できる。パスタのソースとしても使える万能ソースだ。
香りが飛んでしまうので、長期間のつくりおきは避けたほうがいいが、ある程度まとめてつくっておくと重宝する。今回はトリュフオイルで風味づけして仕上げた。
豚肉はやや厚めに切って、ボリューム感を出す。焼きすぎるとかたくなるので、適切な火入れがポイントになる。表面に焼き色をつけてから、オーブンでふっくらと焼き上げよう。

材料　1人分
黒豚ロース肉
　　（約1.5mm 厚さ・150g）…1枚
塩、コショウ、強力粉…各適量
サラダ油、無塩バター…各適量
白ワイン…30cc

キノコソース（4～5人分）
　ニンニク…1片
　オリーブ油…50cc
　各種キノコ＊…各1パック
　塩、コショウ、無塩バター
　　…各適量
　トリュフオイル…少量
マッシュポテト（→170頁）…適量

＊キノコは好みのものを。ただしさまざまなキノコを4～5種類混ぜたほうがおいしい。ここではシメジタケ、マイタケ、シイタケ、マッシュルームを使用。

作り方

❶ キノコのペーストをつくる。マッシュルームは手で握って細かく割る。そのほかのキノコは石づきを切り落として、それぞれ手で裂く。
⇧キノコは金気を嫌うので、極力ナイフは使わない。裂いたほうが香りが引き立つ。

❷ 皮つきのままつぶして皮をむいたニンニクを、オリーブ油とともに冷たいフライパンに入れて芯まで柔らかくなるまでじっくり加熱する。串がスッと通るようになったら、①のキノコ類を加える。すぐに塩少量をふって混ぜる。
⇧塩をふると水分が出やすくなるため。

❸ キノコから水分が出るように、弱火でじっくりと加熱する。
⇧しんなりとするまで炒めて、水分と風味を出すこと。弱火で炒め、こがさないように注意。
⇧ここで白ワインを加えて煮詰めるだけでも手軽なソースになる。

❹ 汁ごとフードプロセッサーにかけて、ペースト状になるまで回す。ただしキノコの粒が少し残る程度のほうが食感があってよい。キノコのペーストのでき上がり。
⇧キノコのペーストはほかの料理にも使えて便利。

❺ 豚ロース肉は余分な脂身を切り落とし、焼いたときに反らないように、2ヵ所の筋に切り目を入れる。塩、コショウをふって、強力粉を薄くまぶす。
⇧強力粉はムラにならないよう薄く。

❻ フライパンにサラダ油とバターを同量ずつ入れて熱し、豚ロース肉を入れる。フライパンを動かして肉を回しながら、ほどよい焼き色をつける。裏返してから170℃のオーブンに入れ、中まで火を入れる。

❼ 焼き上がりの目安は、表面に脂分とともに透明な肉汁がにじんでくる状態。
⇧豚肉は、ほかの肉に比べてしっかり加熱したほうがよいが、焼きすぎるとかたくなるので要注意。

❽ 火にかけて白ワインを回し入れ、火を入れてアルコール分を飛ばす（フランベ）。肉を先に皿に盛る。

❾ 残った煮汁を少し煮詰め、④のペーストを80gほど加えて味を調える。バター10gを加えてコクを出す。火を止めてからトリュフオイルを数滴たらして、風味をつける。肉にかけ、マッシュポテトをつけ合わせる。

仔牛のカツレツ

Cotoletta di Vitello　コトレッタ ディ ヴィテッロ

「仔牛のカツレツ」というと仔牛肉を薄くたたきのばして、衣をつけて焼いたカツレツのことで、ミラノ名物のミラノ風仔牛のカツレツ（コトレッタ アッラ ミラネーゼ）が知られているが、同じ要領で豚肉や羊肉を使ってもおいしくつくれる。肉はたたくことで、繊維が切れてより柔らかくなって食べやすくなるだけでなく、端肉をまとめてつくることもできるし、薄い分、加熱時間も短くてすむという重宝な料理でもある。本来は肉の分量が多いので、つけ合せはレモンを添えるくらいだが、1人分の肉を80gでつくったので、ボリューム感を出すために、たっぷりサラダを添えた。熱々のカツレツに、冷たいフレッシュなサラダがよく合う。

材料　1人分
仔牛肉（ヒレ、モモ、ロースなど）＊
　　…80g
塩、コショウ…各適量
強力粉、全卵、パン粉＊＊
　　…各適量
サラダ油…60〜80cc
サラダ＊＊＊
　　トマト、ルーコラ…各適量
　　塩、コショウ、レモン汁、
　　　オリーブ油…各適量

＊脂身の多いバラ肉など以外なら、どんな部位でもよい。かたい部分も柔らかく食べられる。
＊＊目の細かいパン粉を使う。粗いと焼いている間にこげやすく、薄い肉と食感が合わない。パン粉にパルミジャーノチーズを混ぜてもおいしい。
＊＊＊サラダは季節の生野菜を使ってバラエティを出せる。

作り方

❶ 仔牛肉にラップフィルムをかぶせて、肉たたきでたたく。中心から外側へとたたいて薄くのばす。ある程度のびたら、2つ折りにして再度たたく。
⇧たたくことで肉の繊維が切れて柔らかくなる。

❷ 肉が柔らかくなってきたら肉を広げ、全面に薄くパン粉をまぶす。周囲を折りたたんで形を整え、さらにたたいて厚さを均等にする。
⇧次第に薄くてちぎれやすくなるが、パン粉をつけておくとこれを防ぐことができるので、たたきやすい。

❸ もう一度パン粉をまぶしつけて、ナイフの背を当てながら周囲の形を整える。
⇧ここまでは仕込んでおける作業。

❹ 片面に塩、コショウをふり、強力粉、溶き卵、パン粉の順にまぶしつける。
⇧肉が薄いので、両面に下味をつけるとくどすぎる。片面だけで充分。衣が厚くならないように、粉をつけたらよくはたくこと。

❺ 再度③のようにナイフの背を使って形を整えてから、背で表に格子状の模様をつける。
⇧この模様を入れることで、衣と肉がぴったりと密着する。また焼いたときに肉が反るのも防いでくれる。

❻ フライパンにサラダ油を入れて熱する。あまり高温にならないうちに、表側を下にして肉を入れる。フライパンをゆすって肉を動かしながら、強めの中火で焼く。
⇧油の量は、肉が半分浸かる程度に調節する。

❼ 表側を見て、このようにまんべんなくキツネ色に焼き上がったら裏返す。裏側も同様に焼き上げる。最後にフライパンの油を捨てて強火にし、カリッと仕上げる。
⇧最後に油を捨てて強火で熱するのがおいしさのポイント。

❽ フライパンから取り出して、ペーパータオルの間に挟む。軽く押さえて表面に浮いた余分な油を吸い取って皿に盛りつける。

❾ トマトは皮を湯むきして小角切りに、ルーコラは食べやすくちぎる。ボウルに入れて、塩、コショウで味をつけ、レモン汁を加え、最後にオリーブ油を加えて混ぜ合わせる。⑧の肉の上にたっぷりとのせる。

secondo piatto | 肉

仔牛の薄切りソテー ゴルゴンゾーラチーズのソース

Scaloppine di Vitello con Gorgonzola スカロッピーネ ディ ヴィテッロ コン ゴルゴンゾーラ

クセのない仔牛肉は、味つけを選ばないので応用範囲の広い便利な素材の一つ。
ソースをいくつか用意し、好みでチョイスしてもらうのも楽しい。
ここではややボリューム感のある青カビチーズのソースを紹介する。
チーズの状態によって、塩分や風味が違うので、必ず味を確認することが大事。
なお、仔牛肉は脂肪が少なく、加熱すると縮みやすいため、
薄くたたいて繊維を切り、旨みを逃がさないように粉をつけて焼くのが伝統的な方法である。

材料　1人分

仔牛モモ肉…100〜120g
　（50〜60g×2切れ）
塩、コショウ、強力粉…各適量
無塩バター…10g
サラダ油…20cc
白ワイン…20cc
生クリーム…50cc
ゴルゴンゾーラチーズ＊…40g
グリーンアスパラガス＊＊…2本
パルミジャーノチーズ（仕上げ用）
　…小さじ1
無塩バター（仕上げ用）…10g

＊好みの熟し加減のものを使う。周囲が茶色に変色した部分を少し混ぜると独特の風味が増す。
＊＊かたい部分の皮をむいてゆでておく。彩りを添えるためなので、ピーマンなど、ほかの野菜でもよい。

作り方

❶ 仔牛モモ肉を50～60gの薄切りにする。中央から外側に向かって肉たたきでたたき、平均に薄くのばす。

⇧繊維をたたくことで、肉が柔らかくなる。ただし繊維を無理につぶさないよう、力加減する。

❷ 肉に白く見える筋があったら、ナイフの先で切っておく。

⇧筋を切らないと、焼いたときに肉が縮みやすい。

❸ 仔牛肉は片面だけ軽く塩、コショウをしてから、両面に強力粉をつける。ムラができないよう薄くつける。

⇧肉が薄いうえ、濃厚なソースをかけるので、塩、コショウは片面のみで充分。

❹ フライパンにサラダ油とバターを入れて溶かし、重ならないように仔牛肉を入れる。

⇧普通のフライパンでよいが、テフロン加工タイプだとこげつきにくいので使いやすい。

❺ 肉の両面にうっすらと焼き色がついたら、白ワインを回し入れ、強火にして水分を飛ばす。

⇧白ワインの風味だけを肉に移して、水分は完全に飛ばしておかないと、ソースが水っぽくなる。

❻ 火を弱めて生クリームとゴルゴンゾーラチーズを加える。まんべんなく混ぜながら、数秒間煮込む。

⇧乳製品はこげやすいので、必ず弱火にすること。またヘラで絶えずフライパンの側面をぬぐってこがさないように注意。

❼ ⑥の中に2～3cmに切ったグリーンアスパラガスを加えて温める。肉だけを取り出して、皿に盛りつける。

⇧チーズの風味が飛ぶので、長時間の加熱は禁物。野菜類は温めるだけですむように下ゆでしておく。

❽ ごく弱火で温めながら、ソースの味を確かめる。もっとコクをつけたいならば、仕上げ用のバターを、チーズの風味を高めたいならば、仕上げ用のパルミジャーノチーズを加える。

❾ 盛りつけた肉に、ソースを回しかける。

secondo piatto｜肉

仔牛のピッツァイオーラ

Vitello alla Pizzaiola ヴィテッロ アッラ ピッツァイオーラ

「ピッツァイオーラ＝ピッツァ職人風」はナポリ地方の伝統的な料理スタイル。
焼いた肉に、ピッツァにのせるトマトベースに具材を加えたものをかけて、モッツァレラチーズをのせて仕上げる。
肉の種類は問わないが、ここでは薄切りの仔牛肉を使った。仔牛肉はたたいて薄くのばして焼き上げる。
肉を薄くすると短時間で焼き上がるが、味つけの加減に注意し、くれぐれも焼きすぎないように注意したい。
仕上げはオーブンに入れてもいいが、コンロにかけたまま蓋をして加熱してもいい。
こちらのほうが断然早くて簡単だ。

材料　1人分

仔牛肉＊…100g（50g×2切れ）
塩、コショウ、強力粉…各適量
サラダ油…適量
白ワイン…40cc
プッタネスカソース＊＊
　ニンニク…1片
　オリーブ油…30cc
　黒オリーブ、ケッパー
　　（各粗みじん切り）…各大さじ1
　アンチョビー…½枚
　イタリアンパセリ（粗みじん切り）
　　＊＊＊…少量
　ホールトマト（汁ごとつぶす）
　　…200cc
　塩、コショウ…各適量
モッツァレラチーズ…60g
イタリアンパセリ（粗みじん切り）
　…適量

＊仔牛肉に限らない。牛肉、豚肉、鶏肉でもよい。
＊＊利用範囲の広いソース。このほかにピッツァ、パスタ、各種料理のソースとして活用できる。
＊＊＊イタリアンパセリのかわりに、オレガノやローズマリー、タイムなども合う。

作り方

❶ プッタネスカソースをつくる。フライパンにオリーブ油とニンニク（皮つきのままつぶして皮をむく）を入れて火にかける。油が温まったら弱火に落とし、ニンニクが芯までほっこりしたら、アンチョビー、ケッパー、黒オリーブを加えて炒める。さらにイタリアンパセリを加える。

❷ すぐにホールトマトを加え、弱火でしばらく煮込む。味を確かめて、塩、コショウする。
⇧アンチョビーと黒オリーブに塩気があるので、必ず味を確かめてから調節する。

❸ 仔牛肉の切り身を肉たたきでたたいて平均に薄くのばす。片面に塩、コショウをふる。
⇧肉が薄いので、味つけは片面だけのほうがよい。

❹ 両面に強力粉をまんべんなくつけて手ではたき、余分な粉を落とす。
⇧粉がムラにつかないように注意。

❺ フライパンにサラダ油を少量入れて熱し、肉を重ならないように入れて焼く。完全に焼き色がつく前に裏返して、裏面もさっと焼く。
⇧薄いので、焼きすぎないように注意。

❻ ⑤のフライパンに白ワインをふり入れて、強火で一気に水分を飛ばす。

❼ ②のプッタネスカソースを全体にかけ回して、しばらく加熱する。

❽ グツグツしてきたら、モッツァレラチーズを細かくちぎって、肉の上にのせる。

❾ 蓋もしくはパイ皿をかぶせて、そのまま加熱する。
⇧仕上げにチーズを溶かすのが目的。フライパンごとオーブンに入れるよりも、このほうが手間いらず。

❿ 1〜2分間ですぐにチーズが溶ける。皿に盛りつけて、イタリアンパセリをふる。

secondo piatto

肉

オッソブーコ

Ossobuco オッソブーコ

仔牛のすね肉を骨ごと輪切りにして、じっくり煮込んだイタリアの伝統料理。白ワインだけで煮込むスタイルもある。
煮込み料理の原則として、最初に肉にしっかり焼き色をつけること、
途中で加えたワインを充分に煮詰めてから煮込みに入ることがポイントとなる。
ちなみに、オッソブーコを直訳すると「骨の穴」。
この料理では、周囲の肉とともに、とろりとした旨みのある骨髄をすくって食べるのが醍醐味の一つである。
つまり、食べ終えた皿に残るのは、中央に穴があいた骨。これが料理名の由来ともいわれる。

材料　4人分

仔牛スネ肉（骨つき）＊
　…4個（1個300g）
塩、コショウ、強力粉…各適量
ソフリット＊＊
　玉ネギ（みじん切り）…½個
　ニンジン（みじん切り）…½本
　セロリ（みじん切り）…½本
　オリーブ油…50cc
白ワイン…150〜200cc
ホールトマト（汁ごと裏漉す）
　…600cc
水…300cc
塩、コショウ、無塩バター（仕上げ用）
　…各適量

＊1個3〜4cm厚さの輪切りにしたもの。できれば後脚のスネ肉を使う。前脚は骨が細いので、中に骨髄が入っていない。また肉の色は赤みがかっていない薄いピンク色がよい。
＊＊ブロード（肉のだし）を加えるつくり方もあるが、ここではブロードを使わず、ソフリットの野菜の旨みを充分出して、肉をしっかり焼きつけることが大切。

作り方

❶ 仔牛スネ肉は、周囲の薄い膜に2〜3ヵ所切り目を入れておく。
⇧そのまま加熱すると、膜が縮んで肉が反ってしまう。

❷ スネ肉の両面に塩、コショウをふり、強力粉を全体にまぶす。同時進行でソフリットをつくっておく（→12頁）。

❸ フライパンにオリーブ油をひいて熱し、熱くなったらスネ肉を入れる。

❹ 肉の片面にしっかり焼き色がついたら、裏返して同様に焼きつける。焼けたものから煮込み用の鍋に移す。
⇧ここでしっかりつけた焼き色が、料理全体の旨みの素となる。

❺ 肉の両面を焼いたら、②のソフリットを加える。なお、煮込み用の鍋は、肉がちょうど重ならないで入る直径のものを選ぶ。
⇧鍋が小さすぎると、肉が重なって均等に加熱できないし、大きすぎると煮汁がたくさん必要になる。

❻ ⑤に白ワインを注ぎ入れる。強火にして一気に加熱し、白ワインの水分を飛ばす。

❼ 写真のように鍋底にほとんど水分がなくなるまで煮詰める。残されたエキスと油分がブチブチとはぜている状態。この音を聞き取ること。
⇧煮詰め方が足りないと、最後までワインの酸味が残ってしまうとともに、旨みが凝縮されないので、もの足りない味に仕上がってしまう。

❽ こげないうちにホールトマトと水を加える。強火にして鍋をゆすって、平均に混ぜる。

❾ 沸騰したら塩、コショウを加える。蓋をして160℃のオーブンに入れ、肉が柔らかくなるまで1時間ほど加熱する。肉を盛り、煮汁は小鍋にとって、塩、コショウで味を調え、バター少量を加えて仕上げる。

secondo piatto | 肉

牛ロース肉のタリアータ

Tagliata di Manzo　タリアータ ディ マンゾ

牛ロース肉を使った、イタリア風ステーキ。
焼いたまま提供するのではなく、食べやすく切って、野菜とともに盛りつけるのが定番スタイル（写真は2人分）。
肉は強火で焼き続けると、表面だけがこげて、中まで火が入らない。
最初に表面を焼いたら、そのあとは弱火で焼き上げる。
また、焼いたときに出た肉汁がおいしいソースの素になる。ヴィネガーを加えて、まずしっかり煮詰めることが
味の決め手となる。そのあとオリーブ油を少しずつ加えて乳化させ、ソースを仕上げていく。

材料　2人分

牛ロース肉＊…250g（1枚）
塩、コショウ…各適量
オリーブ油またはサラダ油
　　…20cc
赤ワインヴィネガー…20cc
ソース
　　バルサミコ酢…40cc
　　オリーブ油…40cc
　　塩、コショウ…各適量
サラダ用野菜＊＊…適量

＊牛肉に限らず、豚や鴨、仔羊でもよい。
＊＊水菜、春菊、ラディッキオ、ラディッシュ、チコリなど。このほか好みのものを使う。

作り方

❶ 肉の両面に塩、コショウをやや強めにふる。
⇧焼いている間に、油の中に流れ出るので、ここではしっかりふっておく。

❷ フライパンにオリーブ油（またはサラダ油）を入れて熱し、肉を入れる。

❸ 最初は肉がジューッと音がするくらいの火加減で焼くが、焼き色がつき始めたら、弱火に落とす。焼き色がついたら裏返す。
⇧弱火にしないと、肉の表面だけがこげてしまう。とくに厚い肉の場合は、中まで火が入りにくいので、充分注意する。

❹ 裏返した焼き面に赤い血がにじみ始めたら、下からの熱が中心まで伝わったサイン。これがミディアムレアの焼き加減の目安である。

❺ ④のフライパンに赤ワインヴィネガーを加える。フライパンを動かしながら加熱して、肉にからめる。同時にフライパンにこびりついている肉汁や香ばしさを溶かし込む。しばらくしたら肉を皿に取り出しておく。

❻ ソースをつくる。フライパンに残った肉汁に塩、コショウで味をつけ、さらにバルサミコ酢を加えて煮詰め、水分をしっかり飛ばして酸味を和らげておく。
⇧ソースはまず水分をしっかり煮詰めることが大切。

❼ 弱火にして、フライパンを動かしながら、オリーブ油を少しずつ加えて混ぜ込む。
⇧全体がトロリとした状態になるまで、充分に混ぜる。

❽ 取り出しておいた⑤の肉から肉汁が出ていたら、残さずにソースに混ぜ込む。

❾ トロリとしたソースの完成。なめらかに混ざり合っている。この間時間をかけすぎると水分が飛んで煮詰まり、ソースの味が濃くなってしまう。要領よく進めたい。なお味が濃くなったら、適宜水を加えてのばしておく。

❿ 皿に野菜類を適宜切り分けて盛り、そぎ切りにした牛肉をのせる。全体に⑨のソースをかけ回す。

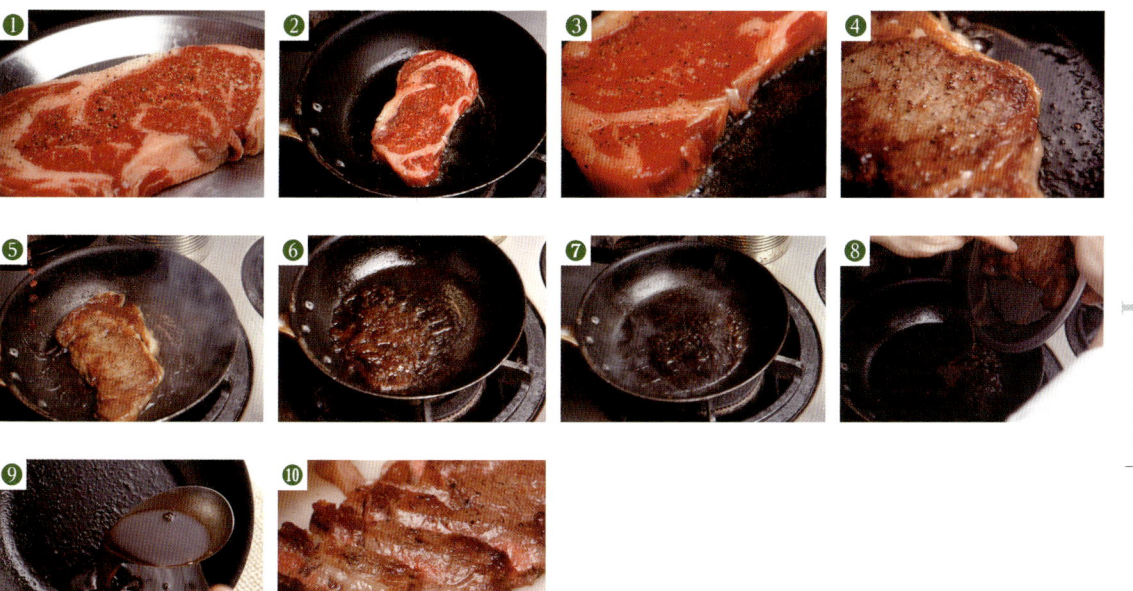

secondo piatto

肉

牛肉とセロリのトマト煮

Bocconcini Stufato di Manzo　　ボッコンチーニ ストゥファート ディ マンゾ

トマトで牛肉を柔らかく煮込んだ料理。ソフリットと焼き色をつけた牛肉をコトコト煮込むだけ。
だし汁は一切加えていないが、両者の味わいだけで、充分な旨みが出せる。
そのためには、炒める、焼くの各工程で、つねにしっかり水分を飛ばし、旨みを凝縮させておかなければならない。
これが煮込み料理の基本。しっかりマスターしよう。
寒い季節に合うように、赤ワインとトマトで煮込んでどっしりした料理に仕立てたが、
これを白ワインにかえてトマトの量を減らせば、すっきりした夏向きの煮込みになる。

材料　10〜12人分
牛肩ロース肉（塊）＊…2kg
塩、コショウ、強力粉…各適量
サラダ油…50cc
ソフリット＊＊
　ニンジン（みじん切り）…1本
　玉ネギ（みじん切り）…1.5個
　サラダ油…50cc
赤ワイン…½本
ホールトマト（汁ごとつぶす）
　…1.2リットル
水…1.2リットル
セロリ…7〜8本
塩、コショウ…各適量

＊肩ロースは赤身にまんべんなく脂肪が入っているので柔らかく煮上がるが、どの部位でも同様に使える。
＊＊一般的なソフリットはセロリも加えるが、今回は具材に使用しているので、ニンジンと玉ネギのみ。

作り方

❶ 牛肩ロースは、一口大（60〜80g）に切り分ける。脂身が多ければ取り除いておく。バットに入れて塩、コショウを多めにふってまぶす。
⇧塩、コショウはかなりしっかりとふっておく。

❷ 肉に強力粉をふって、全体にまんべんなくまぶしつける。

❸ フライパンにサラダ油を入れて熱し、重ならないように肉を並べて、強火で焼き色をつける。量が多いので、数回に分けて焼くとよい。焼けたらザルに上げて油をきる。
⇧こげない程度にしっかりと焼き色をつける。これが仕上がりの香りと味、色を決める。

❹ ソフリットをつくる。玉ネギ、ニンジン、サラダ油を別鍋に入れて、ごく弱火にかける。クツクツというような火加減でゆっくり炒めて水分を飛ばし、旨みと甘みを凝縮する。
⇧料理の旨みと甘みの素となる。じっくりと野菜を炒めること。

❺ ソフリットの中に、❸の肉を入れて火にかけ、鍋をふって混ぜ合わせ、鍋底がこげつく寸前に赤ワインを加える。
⇧木ベラを使うと、肉が押されて旨みが逃げてしまうので、鍋をふって混ぜ合わせる。

❻ ワインの水分が蒸発するとともに、肉の表面にまぶした強力粉が溶け出して、油とともにトロトロの状態になる。ここまでワインを煮詰めることが大切。次にホールトマトと水を加えて、全体を混ぜ合わせる。
⇧赤ワインを加えたら充分に煮詰めて水分を飛ばす。

❼ ❻に塩、コショウを加える。沸騰したら蓋をして160℃のオーブンに入れる。このまま肉が柔らかくなるまで、2時間ほど煮込む。

❽ セロリをナイフでたたいて繊維をつぶし、香りを立たせて、3〜4等分に切る。フライパンにサラダ油（分量外）を入れて熱し、強火でセロリを炒める。
⇧牛肉同様しっかりと焼き色をつける。

❾ ❼の肉に竹串を刺して、柔らかくなっているかどうか確認する。

❿ 充分柔らかくなったら、❽のセロリを入れて混ぜる。再度蓋をして味がなじむまで、オーブンに入れて数十分間加熱する。最後に味を確認して、必要ならば塩、コショウで味を調える。

secondo piatto

肉

ローマ風トリッパ

Trippa alla Romana　トリッパ アッラ ロマーナ

イタリア各地には、さまざまな内臓料理があるが、ローマ風は牛の胃袋（トリッパ）をトマトで煮込み、ミントに類似したハーブを加えて仕上げるのが特徴。牛には4つの胃袋があり、日本では「ハチノス」と呼ばれる部分が、この料理によく使われる。内臓特有の臭みがあって、とてもかたいため、トマトで煮込む前に、時間をかけて下ゆでする必要がある。しかし度を越すと、せっかくの旨みや弾力のある食感を損ねてしまい、味も素っ気もない料理となってしまうので注意したい。下ゆでのさいに臭み消しの香味野菜を入れたり、煮込むさいに野菜をたっぷり加えるレシピもあるが、ここでは、ごくシンプルな方法を紹介する。

材料　4人分

トリッパ（牛の第2胃・ハチノス）＊
　…800g
ニンニク…1片
オリーブ油…120cc
白ワイン…100cc
ホールトマト（汁ごと裏漉す）
　…600cc
水…適量
塩、コショウ…各適量
ミントの葉（粗みじん切り）…適量

＊トリッパは、ゆでて内側の黒い皮をむいた状態で出回っているものを使う。

作り方

❶ 大きい寸胴鍋に、水洗いしたトリッパを入れ、たっぷりの水を加えて火にかける。沸騰してからしばらくゆでると、アクなどが浮いてくる。

❷ 湯を捨てて、再度水を張って火にかける。沸騰後十数分間ゆでる。

⇧最初から細かく切ってゆでると早そうだが、独特の弾力がなくなり、旨みが抜けてしまう。大鍋を使って大きいまま下ゆでするのが基本。

❸ ①～②の要領で湯を取り替えてゆでることを2～3回繰り返し、竹串がスッと通るくらいになるまで柔らかくゆでる。柔らかくなったらザルにとって冷ましておく。

⇧ゆですぎると、かえって独特の旨みが損なわれるので要注意。

❹ 下ゆでしたトリッパを1cm×5cmくらいの短冊に切り分けておく。

❺ 裏面から見て、繊維の流れを断ち切るように切り分けると食べやすくなる。

❻ 鍋にオリーブ油とつぶして皮をむいたニンニクを入れて熱する。ニンニクの香りが出てきたら、トリッパを加えて混ぜ合わせ、全体に油を回す。

❼ 白ワインを加えてしばらく沸騰させ、アルコール分を飛ばす。汁ごと裏漉ししたホールトマトを加え、トリッパ全体がかぶるまで水を注ぎ入れる。

❽ 塩少量、コショウで味つけして、沸騰するまで強火、沸騰したら弱火にして約1時間ほど煮込む。

⇧最初から塩を加えすぎると、煮込む間にトリッパがかたくなってしまうので、ほどほどに。

❾ 写真の状態まで煮込んでミントの葉を混ぜ込む。オーダーが入ったら、1人分を鍋に取って温める。味を確かめてから、調節し、盛りつけて提供する。

secondo piatto | 肉

仔羊のロースト 香草風味

Arrosto di Agnello　アッロースト ディ アニェッロ

仔羊の骨2本分をローストして塊で提供する、ボリューム感のある料理だ。シンプルで豪快。
夏に相応しい料理といえよう。脂身をカリッと、中からは肉汁がジュワッと出てくるミディアムの焼き加減を目指す。
本来はオーブンでローストするが、オーブンがふさがっていることもありがちだ。
そこで本書ではフライパンごとグリル板にのせて焼く手法を解説する。
グリル板ごしに熱が柔らかく伝わるので、焼き時間の調整がしやすいのも利点だ。
オーダーが入った時点でグリル板にのせておけば、あとはほかの作業と食事のスピードを見計らって調整できる。

材料　1人分

仔羊鞍下肉（骨つき）＊…骨2本分
塩、コショウ…各適量
香草ペースト（→31頁）＊＊
　　…適量
ニンニク＊＊＊…1片
オリーブ油…20cc
白ワイン…30cc
強力粉、無塩バター、
　　トリュフオイル…各適量
つけ合せ
　ジャガイモのロースト

＊鞍下肉（ショートロイン）は腰のあたりの肉。
＊＊フレッシュの各種香草をオリーブ油とともにフードプロセッサーにかけたもの。日持ちがするのでまとめてつくっておけば幅広く使えて便利。
＊＊＊皮つきのまま下ゆでして5割ほど火を入れておく。生のまま肉と一緒にローストすると、表面はこげるが芯はかたいまま、といった失敗がおきやすい。

作り方

❶ 仔羊肉の脂身を適宜切り落として厚さを均一にし、格子状に切り目を入れる。裏側の骨と骨の間にも１cmほどの切り目を入れる。
⇧骨の間に切り目を入れることで、火の通りが早くなり、味もしみ込みやすくなる。

❷ 全体に塩、コショウを多めにふって手ですり込む。さらに香草ペーストもすり込む。
⇧焼いている間に脂で流れ落ちやすいので、表面にしっかり塩をすり込んでおく。中央の切り目の中にも忘れずに。

❸ フライパンにオリーブ油を入れて、脂身を下に向けて肉を入れる。半ゆでのニンニクも皮つきのまま加える。

❹ 油が熱くなったら、フライパンごと熱したグリル板に移す。もちろんこのままコンロの上で焼いてもよい。

❺ ときおり下にたまった油をすくって肉にかけながら焼く。熱い油をかけて表面を固めておけば、裏返したときに肉汁が流出することを防げる。
⇧この作業は別の仕事をしながらできる。

❻ 脂身にこうばしい焼き色がついたら裏返す。このままグリル板の上で焼きすすめてもよいが、提供のタイミングを見計らって、最後に180℃のオーブンに入れる。このとき余分な油をきり、ニンニクを取り出しておく。

❼ 肉の部分を押してみた弾力で、焼き加減を確かめる。ニンニクを戻して、白ワインをふり入れる。全体になじませて強火でアルコール分を飛ばしてから、肉とニンニクを取り出す。

❽ フライパンに残った肉汁でソースをつくる。とろみとコクづけに、バターと強力粉を加えるが、まず一かけらのバターの周りに強力粉をまぶしつける。
⇧とろみとバターのコクを一度につけることができる。

❾ 肉汁に塩、コショウで味をつけてから、⑧のバターを加える。フライパンを回しながら、ゆっくり溶かし込む。仕上げにトリュフオイルで風味をつけ、盛りつけた肉にかける。ニンニクとつけ合せを添える。

secondo piatto｜肉

仔羊のカツレツ モッツァレラチーズのせ
Cotoletta di Agnello con Mozzarella　コトレッタ ディ アニェッロ コン モッツァレッラ

肉にパン粉の衣をつけて、多めの油で揚げ焼きした「カツレツ」はおなじみのメニューだが、
ここではそのアレンジメニューを紹介する。
焼き上げたカツレツに、アンチョビーとモッツァレラチーズをのせて、チーズが溶けるまで加熱する。
パン粉の香ばしさに、アンチョビーの風味とコクのあるチーズがよく合う。
仔羊以外の肉でもよいが、あっさりしたものよりも、赤身で脂身がついている肉が合うだろう。
ほんの一手間をかけると、シンプルなカツレツが豪華な一品に。

材料　1人分
仔羊の骨つきロース肉…2本
塩、コショウ…各適量
アンチョビー…1枚
モッツァレラチーズ…50g
レモン…¼個
強力粉、溶き卵、パン粉＊
　…各適量
サラダ油…適量

＊目の細かいパン粉がよい。

作り方

❶ 仔羊は脂身が多いようなら、適宜切り取る。

❷ 仔羊を肉たたきで平らにのばす。骨から外側に向かってたたく。
⇧均等な厚さに。無理に引っ張らないこと。

❸ 肉を骨と同じくらいの厚さにする（6～7mm程度）。

❹ 周囲の余分な脂身などを切って、最終的に形を整える。両面に塩、コショウをする。
⇧アンチョビーとチーズをのせるので、あまり強く下味はつけないほうがよい。

❺ 強力粉を全体に薄くまぶし、溶き卵にくぐらせ、パン粉をまぶす。フライパンにサラダ油を多めに入れて熱し、仔羊を入れる。フライパンをゆすって、肉を動かしながら均等に火を入れる。
⇧火はあまり強くしないこと。

❻ きれいなキツネ色に焼き色がついたら裏返す。裏返したら火を止める。
⇧裏側はフライパンに直接当たる。このあとチーズが溶けるまで火が入るので、この段階での火入れは浅めにとどめておいたほうがいい。

❼ 余分な油を捨てる。

❽ アンチョビーを小さくちぎって散らす。

❾ さらにモッツァレラチーズも同様にちぎってのせる。

❿ 蓋をしてごく弱火にかける。チーズが溶ければでき上がり。この方法のほうが、オーブンに入れるよりも早くチーズは溶ける。皿に盛りつけ、レモンを添える。
⇧オーブンで仕上げてもよいが、やや時間がかかる。その場合は、❼で完全に油をきっておかないとこげてしまうので注意が必要。

secondo piatto | 肉

CQUA CALDA - VAPORE
WATER - STEAM
WASSER - DAMPF
U CHAUDE - VAPEUR
G ! HEET WATER - STOOM
cucina italiana
LA BETTOLA
da Ochiai

第5章

ドルチェ

dolce

「ドルチェ」はデザートのこと。
メニューづくりに役立つように、フルーツ、ムース、
冷たいデザート、タルトに分類して紹介する。
タイプの違うドルチェをいくつか用意しておきたい。
いずれもベーシックなものなので、
数種を組み合わせてオリジナルのドルチェをつくってみよう。

いちじくのコンポート

Fichi Cotte　フィーキ コッテ

旬のフルーツはそのままでもおいしいが、シロップで煮るとまた違った味わいが楽しめる。
熟し方が足りなかったり、甘みがいま一つのっていない場合は、コンポートにすると、ぐっとおいしさが増す。
季節のイチジクを白ワインで短時間煮て、フレッシュ感を残して仕上げた。
もちろん柔らかくなるまで煮てもよい。白ワインと砂糖の分量は好みで調節するといいだろう。
また煮汁は淡いピンク色に染まるので、単独でスパークリングワインで割ったり、
炭酸水で割ってレモンの輪切りを浮かべたりと、便利なシロップとして幅広く活用できる。

材料　5人分

イチジク＊…10個
砂糖…200g
白ワイン…500cc
水…150cc
バニラスティック…1本
レモン汁…少量

＊やや未熟なくらいのほうがよい。熟しすぎているものは煮くずれしやすいので注意する。

作り方

❶　バニラスティックは縦に切り目を入れて開き、中の種をこそげ取る。サヤとともに鍋に入れる。

❷　上部を切り落としたイチジクを①の鍋に入れ、白ワインと水とレモン汁を注ぎ入れる。
⇧ここでは皮ごと煮るが、もし皮が気になるようなら、むいて使う。

❸　さらに砂糖を加えて強火にかける。
⇧白ワインと砂糖の分量は、イチジクの味に応じて調節すること。

❹　沸騰してきたら火を弱めて、さらに10～15分間煮る。
⇧強火で煮立てると身がくずれるので、必ず火を弱めること。

❺　竹串がスッと通るようになればよい。そのまま一晩おいて煮汁をしみ込ませる。
⇧火を止めたら自然に煮汁をイチジクにしみ込ませる。あまり煮すぎないこと。フレッシュ感を残して仕上げる。

dolce｜フルーツ

プラムの赤ワイン煮

Prugne Cotte プルーニエ コッテ

フルーツをシロップやワインで煮たコンポートは、長期のつくりおきがきいて、便利な一品だ。
旬の季節に洋ナシやモモなどのフレッシュフルーツをコンポートにするのもいいが、
常時入手できる干しプラムなら、季節を問わず手軽につくることができる。
そのまま器に盛って提供するだけでなく、アイスクリームやヨーグルトとともに盛り合わせたり、
味のアクセントとしてそのほかのデザートに1～2個添えてもいいだろう。煮込んだシロップも、
ケーキのソースがわりに使ったり、ワインやスパークリングワインで割って食前酒にするなど、利用価値は大きい。

材料
干しプラム…500g
砂糖＊…300g
赤ワイン…約750cc
レモン…¼個
アイスクリーム…適量

＊砂糖の量は好みで調節する。

作り方

❶　鍋の中に干しプラムを並べ、砂糖を均等にふり入れて赤ワインを注ぐ。

❷　鍋に入れたプラムが完全にかぶるくらいまで赤ワインを加えて調節する。強火にかける。

❸　レモン汁とレモンの表皮を削ってプラムの鍋に加える。沸騰したら弱火にし、30分間煮る。煮汁が少なくなってきたら水を足す。

❹　徐々にプラムが煮汁を含んでふっくらとし、煮汁にもとろみがついてくる。火を止めてこのまま冷ます。アイスクリームを添える。
⇧冷める段階で、プラムに味がしみていく。

[バリエーション]
スパークリングワイン

シロップをシャンパングラスに大さじ1程度入れて、スパークリングワインを注いで割れば、手軽な食前酒になる。スパークリングワインのほかに、白ワインやミネラルウォーター（ガス入り）で割ってもよい。

dolce｜フルーツ

桃のコンポート

Composta di Pesca　コンポスタ ディ ペスカ

モモが最盛期を迎えたら、贅沢に丸ごと白ワインで煮て、コンポートに仕上げる。
フレッシュのまま食べるには、少しかたかったり甘みが足りないものでも、コンポートならばおいしく食べられる。
モモの状態に応じて、砂糖の分量も調節するといいだろう。
あまり長時間煮ると、果肉がくずれてしまう。
加熱後に冷ます過程で煮汁が中までしみ込んでいくので、加熱は15〜20分間程度で充分。
そのまま保存がきくので、まとめて仕込んでおくと重宝する。

材料　6人分
モモ…6個
バニラスティックあるいは
　シナモンスティック…1本
水…1リットル
白ワイン…250cc
砂糖＊…250〜300g
ミントの葉（飾り用）…適量

＊砂糖の分量は好みで調節すること。

作り方

❶ モモの皮を湯むきする。鍋に湯を沸かして、モモを穴杓子に一つずつのせて入れる。30秒間くらいで取り出す。

❷ ボウルに氷水を用意しておき、①のモモをすぐに入れて冷やす。同様にして一つずつ湯に浸ける。

⇧まとめて行なわずに、必ず一つずつ湯に浸けるのが湯むきの基本。

❸ プティナイフで皮を少しめくり、そのまま引っ張るときれいにむける。うまくいかない場合は、ナイフできれいにむくこと。

⇧つるりとしたきれいな見た目も味わいの一つ。皮をむくときは、モモの表面を傷つけないようにていねいに。

❹ 皮をむいたモモを鍋に入れる。白ワイン、シナモンスティック（あるいはバニラスティック）を加える。

❺ さらに水を注ぎ入れる。

❻ 砂糖を加える。分量は好みで調節してよい。

❼ 一度強火で沸騰させてから弱火にして、そのまま15～20分間煮る。

⇧煮くずれやすいので、決してグラグラ沸騰させないこと。
⇧モモ以外の材料（シナモンスティック、水、白ワイン、砂糖）を鍋に入れて沸騰させたところにモモを入れて煮てもよい。

❽ 次第に表面が透き通ったような状態になる。モモは表面がくずれやすいので、あまり長時間煮る必要はない。このまま冷ましてシロップとともに盛りつけ、ミントの葉を飾る。

⇧残ったシロップにはモモの風味がついているので、スパークリングワインや炭酸で割って、食前酒などに活用できる。

dolce｜フルーツ

マチェドニア

Macedonia di Frutta マチェドニア ディ フルッタ

各種フルーツを使った、イタリア版フルーツポンチ。フルーツの種類に決まりはないので、
季節のものを7〜8種類彩りよく選びたい。ジューシーで香りの高いフレッシュを使いたいので、
季節はずれのものを無理に使うことはない。ときには1〜2種類、缶詰のフルーツを利用するのもいいだろう。
また砂糖の量は、フルーツの状態によって調節することが大切。
ある程度味をなじませたほうがいいが、時間がたちすぎると、逆に味が落ちてしまう。
午後仕込んで夜使うのがベスト。限度は翌日のランチまで。

材料　4〜5人分

- キウイ…1個
- リンゴ…1個
- パイナップル…¼個
- オレンジ…1個
- バナナ…1本
- イチゴ…10粒
- レモン汁…1個分
- 砂糖…約30g
- マラスキーノ酒＊
    …30〜40cc

＊酒の種類は好みでよい。このほかラム酒やウイスキー、ウオッカやブランデーなど。
※フルーツはこのほかにモモやメロン、ブドウ類やグレープフルーツ、イチジクなど。ほどよい酸味がある柑橘類（オレンジやグレープフルーツ）は必ず入れたいが、そのほかは好みで。

作り方

❶ それぞれのフルーツを切り分ける。キウイは天地を切り落としてから、縦に皮をむく。
⇧ここで紹介する切り方は一例。要は食べやすく切りそろえればよい。

❷ キウイを縦4等分のくし形に切り、端から小さく切る。バナナも同じ要領で、大きさをそろえて切る。切ったものから順次ボウルに入れる。

❸ リンゴは8等分のくし形に切り、芯と皮をむいて、②と同じ大きさに切る。変色しやすいので、塩水につけて作業する。

❹ パイナップルは、天地を落として周囲のかたい皮を包丁で切り落とす。

❺ パイナップルのくぼみに沿ってナイフを入れて削り取る。
⇧くぼみは斜めに規則的に並んでいるので、表面に斜めの溝をつけるようにして削り取ると早くて見た目もきれい。

❻ もしくは、横に薄い輪切りにしてから、一つずつ小さい切り込みを入れて取り除いてもよい。中心のかたい芯を除いて、小さく切り分ける。

❼ オレンジは天地を切り落としてから、周囲の白いワタまでむき取る。

❽ 一方の手でオレンジを持ち、袋と実の間にペティナイフを入れて房ごと実を切り取る。ジュースが出てもったいないので、フルーツを入れたボウルの上で作業をする。柑橘類はすべて同じ要領でむく。

❾ 房をすべて取り終えたら、残った袋を手で搾ってジュースを残さずボウルに入れる。さらにレモン汁も加える。砂糖をふって全体を混ぜ合わせ、30分～1時間おいてなじませる。
⇧砂糖を加えるとフルーツから水分が出て、全体の味がまとまる。

❿ イチゴを加える。大きさによって適宜切り分ける。最後にマラスキーノ酒を加えて風味づけする。
⇧イチゴはレモン汁などの酸で色が抜けやすいので、最後に加える。

[バリエーション]
残ったパイナップル

パイナップル1種だけでも、切り方と盛りつけで充分満足できるデザートになる。好みの洋酒をふりかけて。イタリアではパイナップルは人気の高いフルーツだ。

イチゴのムース

Spuma di Fragole スプーマ ディ フラゴーレ

ムースの応用として、フルーツのピュレを使ったバージョンを紹介する。
イチゴはほぼ1年中ハウスものが手に入るが、12月にはクリスマス需要を見込んで大量に出回るようになる。旬の時期にはかなわないものの、価格もやや落ちついてくる。
香りや甘みが足りない場合は、リキュールや砂糖で補えば、充分においしいムースができる。
砂糖やアルコールの分量は適宜好みで調節する。
なお、ほかのフルーツでつくる場合も、手順はイチゴに準ずる。

材料

イチゴのピュレ
  イチゴ…200g
  イチゴのリキュール…30cc
  砂糖…20〜40g
生クリーム…250cc
砂糖…35g
卵白…60g
砂糖…40g

デコレーション用のピュレ＊
  イチゴ…200g
  砂糖…適量
  グラッパ…適量

＊すべてを合わせてフードプロセッサーにかける。

作り方

❶ イチゴのピュレをつくる。イチゴはヘタを取り、イチゴのリキュール、砂糖とともにフードプロセッサーにかける。

❷ 写真のようななめらかなピュレ状にする。

❸ ボウルに生クリームと砂糖35gを入れて角が立つまでしっかり泡立て、②のイチゴのピュレを少しずつ加える。

❹ 最終的には、写真のような柔らかいソフトクリーム状に泡立てる。

⇧生クリームは泡立てすぎない。泡立てすぎると軽くなるが、口当たりがかたくなるので、柔らかい状態にとどめる。

❺ 別のボウルで卵白に砂糖40gを加えてかたく泡立てて、数回に分けて④の生クリームに加える。

⇧卵白の泡をつぶさないように、注意して混ぜ込む。

❻ ⑤を絞り袋（口金なし）に入れて、グラスの8分目まで絞り入れて、デコレーション用のピュレを上に少量流して平らにならす。冷蔵庫に入れて冷やし固める。

dolce｜ムース

203

カプチーノのムース

Spuma di Cappuccino　スプーマ ディ カプッチーノ

苦みがきいたエスプレッソとグラッパをきかせた口当たりのよい大人のムース。エスプレッソのかわりにフルーツピュレなどを使えば、バラエティが広がるのでレパートリーに加えておくと重宝する。エスプレッソは淹れ立ての香り高いものを使いたい。またグラッパの分量は好みで調節するといいだろう。ベースとなる生クリームの泡立てで、食感が決まる。しっかり泡立てると、ムースの口当たりは軽くなる。好みではあるが、柔らかめのソフトクリーム状にとどめておくと、コクのあるリッチな味わいのムースが楽しめる。

材料
生クリーム…500cc
砂糖…80g
板ゼラチン＊…14g
エスプレッソ（濃いめの抽出液）＊＊
　…100〜120cc
グラッパ（ブランデーでも可）
　…30cc
デコレーション
　生クリーム…200cc
　砂糖…20g
　卵白…1個分
　ココア粉…適量

＊水に浸けて戻しておく。
＊＊エスプレッソマシンがないときは、インスタントコーヒーを濃く溶き、コーヒーリキュールなどで香りを補うとよい。

作り方

❶ エスプレッソと砂糖、水で戻した板ゼラチンを鍋に入れ、湯煎にかけて溶かしておく。生クリームを柔らかいソフトクリーム状になるまで泡立てて、グラッパを混ぜ、先のエスプレッソ液を少しずつ加える。

❷ 絞り袋（口金なし）に①を入れてグラスの8分目まで絞り出す。

❸ デコレーションの生クリームを先ほどと同じように柔らかいソフトクリーム状に泡立てる。別のボウルで卵白を泡立て、砂糖を加えてしっかり角が立つくらい攪拌し、数回に分けて生クリームの中に加えて混ぜる。

❹ 絞り袋に入れて②の上にこんもりと絞り出す。冷蔵庫に入れて冷やし固める。提供時はココア粉をふるって仕上げる。

dolce｜ムース

チョコレートのムース

Spuma di Cioccolato　スプーマ ディ チョッコラート

チョコレートは温度にデリケートな食材。温めて溶かしたチョコレートは、急に温度が下がると分離しやすいので要注意。チョコレートはカカオマスの分量で苦みが増減する。カカオマスのパーセンテージが高いと苦みが強くなる。ここでは苦めのタイプを使ったが、好みで甘めのタイプを使ってもよい。使うチョコレートのタイプによって砂糖の分量を調節すること。チョコレートのムースは、ゼラチンを加えなくても比較的しっかりかたまるのが特徴。ここではざっくりスプーンですくって盛りつけたが、個別にグラスに入れて冷やしてもよい。

材料
生クリーム…350cc
砂糖…30g
チョコレート（カカオ分66％）
　…30g
ラム酒＊…適量
卵白…1個分

＊ラム酒の分量は好みで調節する。

作り方

❶　ボウルに生クリームを入れ、砂糖とラム酒を加えて泡立て器で混ぜる。

❷　溶かしたチョコレートを少しずつ加えながら、泡立て器で泡立てる。柔らかいソフトクリーム状になるまで攪拌する。

❸　別のボウルで卵白を泡立て器で泡立てる。
⇧❷の状態が柔らかい場合はしっかりと泡立て、かたくなってしまったら柔らかめに泡立てる。

❹　卵白を②のボウルに何回かに分けて加えてゴムベラで混ぜる。
⇧泡立てた卵白は、泡をつぶさないように混ぜ込む。

❺　陶器のバットまたは鉢に移して表面を平らにならし、冷蔵庫に入れて冷やし固める。大きなスプーンでざっくりすくって盛りつける。
⇧1人分のグラスに詰めてもよい。

dolce | ムース

マスカルポーネチーズのムース

Spuma di Mascarpone　スプーマ ディ マスカルポーネ

コーヒーシロップをぬったフィンガービスケットとマスカルポーネチーズのムース（ザバイオーネ）を重ねたものが、おなじみの「ティラミス」。1960年に誕生したといわれる比較的新しいドルチェである。
ここでは、ティラミスのムースをグラスデザートに仕上げた。
ムースは仕上げにメレンゲを加えて、より軽い口当たりにした。
アレンジとして、中にフルーツを混ぜ込んでもよい。フレッシュもいいが、さっと加熱した
口当たりの柔らかいもののほうが、軽いムースには合う。例えば白ワインと砂糖、レモン汁でさっと煮たバナナなど。

材料　8〜10人分
卵黄…5個分
マスカルポーネチーズ…250g
生クリーム…500cc
砂糖…60g
グラッパ＊…小さじ1
卵白…2個分
粉砂糖…10g
ココア粉、ミントの葉…各適量

＊イタリア特産の無色透明の蒸留酒。ブランデーの一種でかなりアルコール度数が高い。香りづけの洋酒は好みのものにかえてもよい。

作り方

❶ ボウルに卵黄を入れて、泡立て器で溶きほぐし、グラッパを加えて混ぜ合わせる。

❷ ここにマスカルポーネチーズを加える。

❸ ダマがなくなるまで泡立て器でよく混ぜ合わせる。
⇧よく混ぜないと、口当たりが悪くなる。

❹ 写真のようになめらかになるまで充分に混ぜ合わせること。

❺ 別のボウルに生クリームと砂糖を入れて、ボウルの底を氷水に当てながら泡立て器で泡立てる。
⇧生クリームは冷やすと泡立ちやすくなる。

❻ 生クリームが④のマスカルポーネチーズと同じくらいのかたさになったら、まず半量のマスカルポーネを加えてよく混ぜる。
⇧同じかたさにすると混ざりやすい。

❼ 混ざったら残り半量を加える。そのままではかなり柔らかいので、泡立て器でしばらく泡立てて、かたさを調節する。

❽ 泡立て器で持ち上げると、もったりとして角が少し立つくらいがちょうどよい。

❾ 別のボウルに卵白を入れて泡立て、粉砂糖を2回くらいに分けて加え、メレンゲをつくる。泡がつぶれないようにメレンゲを2回に分けて⑧に加え混ぜる。

❿ グラスに盛り、冷蔵庫で冷やしておく。提供時にココアの粉をふり、ミントの葉を飾る。
⇧ここまで仕込んで冷蔵庫で冷やしておけば、オーダーが入ってから、すぐに出せる。

dolce｜ムース

冷たいザバイオーネ

Zabaione ザバイオーネ

ピエモンテの名物ザバイオーネは、卵黄にマルサラ酒を加えて、温めながらクリーム状に泡立てたもの。温かいままクッキーを添えて出したり、ソースとしてフルーツにかけたりする。ここではザバイオーネを冷やしてソースと合わせ、冷たいグラスデザートというスタイルで提案した。ソースにはイチゴでなくてもよいが、フレッシュのフルーツを使いたい。このようにグラスを使うと、盛りつけの手間がかからないので、素早く提供ができ、ランチなどの繁忙時には重宝する。なおここではワイングラスを使ったが、雰囲気に合わせて、好みのグラスを選ぶといいだろう。ちなみにベットラでは、素朴なイメージの厚手の水用グラスを利用している。

材料　ワイングラス4個分＊

卵黄…4個分
バナナ…½～1本
マルサラ酒＊＊…適量
生クリーム…200cc
砂糖…10g

ソース＊＊＊
　イチゴ…8粒
　砂糖…20g

＊この分量が仕込みの最小量。卵黄が多いほど泡立てるさいの失敗は少なくなるので、できればこの2倍量程度がつくりやすい。
＊＊イタリア・シチリア島のマルサラで生まれた甘口ワイン（酒精強化ワイン）。
＊＊＊イチゴのかわりに、フランボワーズなどでもよい。必ずフレッシュを。

作り方

❶ ソースをつくる。イチゴと砂糖をフードプロセッサーにかける。粒がなくなるまで回す。
⇧ソースにはフレッシュのフルーツを使う。
⇧砂糖の分量はイチゴの甘さに応じて調節すること。

❷ グラスの底に①のソースを少しずつ流し入れ、小さく切ったバナナを5〜6個入れる。
⇧バナナはあらかじめ切っておくのではなく、グラスの上で切りながら、つぎつぎと入れていくと作業がスムーズ。バナナの変色も防げる。

❸ グラスを上から見たところ。グラスの側面を汚さないようにソースを入れる。バナナが上に出ていたら、変色を防ぐために、ソースの中に押し込んでおく。
⇧うまくソースを入れないと、仕上がりが汚くなる。

❹ ボウルに卵黄を入れて溶きほぐし、ごく弱い火にかけて温めながら泡立てる。
⇧卵黄を泡立ちやすくし、同時に少し火を入れるのが目的。本来は湯煎にかけるが、直火でも大丈夫。ただし、ごく弱火にしないと卵黄が煮えてしまう。とくに火に近いボウル側面に注意し、ときおり火からおろして加減する。

❺ 卵黄が少し泡立って白っぽくなってきたら、マルサラ酒を2回に分けて少しずつ加え、さらに泡立て続ける。
⇧マルサラ酒の分量は好みで。かなり甘みを控えているので、やや多めにして香りを立たせてもよい。

❻ 写真のようなきめ細かいクリーム状にする。なお、指を入れて熱く感じるくらいになったら火からおろし、ボウルの底を氷水に当て、ときおり混ぜて冷やしておく。
⇧度を越して加熱するとボロボロになって分離してしまう。
⇧ザバイオーネの口当たりは卵黄の泡立て次第で決まる。加熱、泡立てオーバーは禁物。

❼ ボウルに生クリームを入れ、砂糖を加えて泡立てる。ボウルの底を氷水に当てて冷やしながら行なう。⑥の卵黄と同じかたさになるまで泡立てる。
⇧両者のかたさが違うと、混ざりにくい。

❽ 泡立てた⑥の卵黄の中に⑦の生クリームを加えて、なめらかに混ぜ合わせる。

❾ ③のグラスに流し入れる。冷蔵庫に入れて充分冷やしてから提供する。

モンブラン

Monte Bianco　モンテ ビアンコ

おなじみのクリのお菓子「モンブラン」をグラスに詰めてデザート風に仕立てた。
クリの季節ならば生のクリを使いたいところ。
それ以外の季節ならばクリの甘露煮を利用すれば、季節を問わず手軽につくることができる。
生のクリでつくった場合、柔らかく煮るのに時間がかかるが、まとめて仕込んで保存できるし、
マッシャーを使えば、おどろくほど簡単に裏漉しができる。

材料　小グラス約10個分

クリ（渋皮をむいた状態）＊…400g

砂糖…200g

水…適量

シャンティクリーム

　　生クリーム…350cc

　　砂糖…35g

ココア粉…適量

＊クリは皮つきのほうが安価だが、皮むきの手間を省くならば市販のむきグリを利用する。シーズン以外ならばクリの甘露煮を使ってつくる。この場合、甘さやかたさをみて、場合によっては再度煮直しして調節する。
＊クリの半量をサツマイモにかえてもいいだろう。

作り方

❶ クリを煮る。鍋にむきグリと砂糖、クリがたっぷりかぶるくらいの水を入れる。沸騰するまでは強火、沸騰したあとは弱めの中火にしてクリが柔らかくなるまで、煮くずれないような火加減で煮る。
⇧水が減ってきたら、随時足す。

❷ 煮上がりの状態。煮くずれると仕上がりが水っぽくなるので要注意。完全に柔らかくなるまで、この分量で5時間ほどかかる。煮えたらそのまま冷ましてクリにシロップを充分しみ込ませる。
⇧味は冷めるときに中に浸透していく。

❸ クリの裏漉しをつくる。味を含ませたクリはシロップの水気をよくきってから、ポテトマッシャーに入れる。

❹ マッシャーを押してクリを裏漉しする。
⇧通常の裏漉し器（目の粗いもの）で裏漉してもいいが、ポテトマッシャーのほうが手軽。

❺ 裏漉ししたクリは、そのままの状態で、形状をくずさないように注意する。

❻ シャンティクリームをつくる。別のボウルに生クリームと砂糖を入れて、トロリとした状態に泡立てて、絞り袋（口金なし）に入れておく。
⇧泡立て加減は好みだが、やや柔らかめのほうが、クリとバランスがとれておいしい。

❼ グラスの底に⑥を少量絞り出してから、⑤のクリを6〜7分目まで入れる。
⇧クリを強く詰め込んで、形をつぶさないように注意。スプーンでふわっと入れる。

❽ さらに上から⑥を絞り出す。この状態で冷蔵庫に入れて冷やしておく。

❾ 提供時に上にココア粉を漉してふる。

エスプレッソコーヒーのシャーベット

Sorbetto di Caffè Espresso　ソルベット ディ カッフェ エスプレッソ

夏を目前に控えた時期になると、冷菓が人気を呼び始める。
エスプレッソコーヒーを利用して手軽にできるシャーベットを紹介する。
まず大切なのは、おいしいエスプレッソコーヒーを使うこと。
冷やし固める前に何度か攪拌すると、きめが細かくなるが、
コーヒーの場合は、むしろ粗めのざっくりした口当たりが合うので、2〜3回の攪拌で充分だ。
なお、コーヒーの苦みが強いので、泡立てた生クリームをたっぷり添えて提供するとよい。

材料

エスプレッソコーヒー（抽出液）
　…10杯分（約300cc）
砂糖…適量
グラッパ＊…テーブルスプーン１

シャンティクリーム
　生クリーム…200cc
　砂糖…20g

＊風味づけには、グラッパのほかに、ラム酒やブランデーなど好みの洋酒でよい。

作り方

❶　エスプレッソコーヒーを抽出する。

⇧いずれのコーヒーマシンを利用するときも、大切なことは、事前に粉を入れるホルダーを温めておき、コーヒー粉を平らに詰めること。

❷　1杯分の抽出に約20秒間かかるのがベスト。早すぎるのは、粉の挽き方が粗いか、ホルダーへの粉の詰め方が悪い証拠。逆に遅いのは、粉が細かすぎるか粉の詰めすぎ。

❸　エスプレッソが熱いうちに砂糖を入れて溶かす。さらに香りづけのグラッパを加えて、冷凍庫に入れて冷やす。

⇧砂糖の分量は好みだが、この状態でやや甘く感じるくらいに調整しておくと、でき上がりがちょうどよい。

❹　周囲がやや固まりかけたところで一旦取り出して、スプーンでくずし、全体をかき混ぜてなめらかにする。冷凍庫に戻して再度冷やす。

❺　固まりかけたらもう一度取り出してかき混ぜる。合計2～3回かき混ぜたのち、完全に冷やし固める。

❻　何度かかき混ぜることによって、氷の結晶が細かくなるとともに空気を含んで、なめらかなシャーベットになる。

⇧仕上がりは好みだが、コーヒーの場合は、あまり細かくしすぎず、ざっくりとした食感のほうが合う。

❼　完全に固まったらでき上がり。盛りつける前にスプーンでかき混ぜ、粒子を均一にする。生クリームに砂糖を加えて泡立てたシャンティクリームをグラスに詰め、シャーベットを入れて提供する。

dolce｜冷たいデザート

215

パパイヤのセミフレッド
セージ風味のアングレーズソース

Semifreddo di Papaia con Salsa Pasticciera alla Salvia

セミフレッド ディ パパイヤ コン サルサ パスティッチェリア アッラ サルヴィア

セミフレッドは、イタリア風のアイスクリームの一種。コーヒーの風味をつけたり、フルーツを混ぜ込むなど、バリエーションは幅広いが、ここではフレッシュのパパイヤを使った。
添えるアングレーズソースには、夏の香草であるセージをきかせて、ちょっと目先の変わったスタイルに仕立てている。
生クリームにパパイヤを一度に加えると、分離しやすいので要注意。少しずつ混ぜながら泡立てていくこと。

材料
セミフレッド
　パパイヤ…1個
　生クリーム…400cc
　砂糖＊…40g
　卵白…2個分
　粉砂糖…10g

アングレーズソース
　牛乳…270cc
　セージ＊＊…3〜4枝
　卵黄…2個分
　砂糖…60g

＊砂糖の分量は好みで調節する。
＊＊セージはドライではなく、香り高いフレッシュを使う。なお、ミントやローズマリーのフレッシュを使ってもよい。

作り方

❶ アングレーズソースをつくる。牛乳を鍋に入れて、セージを加えて火にかける。沸騰したら火を止めて蒸らし、セージの香りを移す。
⇧セージの香りが淡い場合は、刻んで加えるとよい。

❷ 別の鍋またはボウルに卵黄と砂糖を入れて、ゴムベラで混ぜ合わせる。平均に混ざったら、泡立て器に持ちかえて、さらに混ぜ合わせる。

❸ 大きめの鍋に湯を沸かして底にタオルを敷く。その上に②を置いて、湯煎状態にしながら、さらに混ぜる。
⇧加熱のさいは、固まらないように絶えず混ぜながら。

❹ 卵黄全体が白っぽくなってきたら、①のセージ風味の牛乳を少しずつ加えて、そのつどよく混ぜ合わせる。全量加え終えたら、とろみが出るまでしばらく混ぜながら加熱する。湯煎からはずして、氷水に浸けて冷やす。アングレーズソースの完成。
⇧加熱しすぎると口当たりが悪くなるので、とろみがついたらすぐに火からおろす。

❺ セミフレッドをつくる。パパイヤは4つ割りにして種と皮を取り除き、小角切りにする。

❻ パパイヤの半量をフードプロセッサーにかけて、粒が粗く残る程度のピュレ状にする。

❼ ボウルに生クリームと砂糖を入れて、氷水で冷やしながら泡立てる。とろみがついてきたら、⑥のパパイヤのピュレを少しずつ加えて混ぜながら、さらに泡立てる。
⇧一度に全部加えると、生クリームが分離しやすい。

❽ 別のボウルに卵白と粉砂糖を入れて、泡立ててメレンゲをつくる。⑦のボウルに加えて、泡をつぶさないように、混ぜ合わせる。

❾ 小角切りにしておいたパパイヤを加えて、くずさないように混ぜ合わせる。

❿ 型の中に流し、平らにならして冷やし固める。テフロン加工の型のほうが抜きやすい。2cmほどの厚さに切り分けて、アングレーズソースを流した皿にのせる。セージを飾る。

ティラミス

Tiramisu ティラミス

日本でも非常にポピュラーになったデザートで、発祥はヴェネト州。そのバリエーションは無数にある。
ティラミスをおいしくつくる決め手は、生クリームとマスカルポーネチーズをなめらかに混ぜ合わせること。
コーヒーシロップはたっぷり使い、苦みをきかせてアクセントをつける。まとめてつくっておけば
何日間か保存できるが、卵には火を通していないので、できるだけ早めに使ったほうがいいだろう。
なお冷蔵庫での保管が長くなると、水分が抜けて生地が締まってくる。
すぐに食べる場合、合わせたクリームはかためでいいが、翌日までおく場合は柔らかめに調整しておくといいだろう。

材料　底面27cm×18cm、高さ10cmの容器1台分・約12人分

卵黄…5個分
マスカルポーネチーズ…250g
生クリーム…750cc
砂糖…90g
コーヒーシロップ＊
　エスプレッソコーヒー（抽出液）
　　…5杯分（約150cc）
　砂糖…50g
　ブランデー…30cc
スポンジケーキ（解説省略）＊＊
　…適量
ココア粉…適量

＊材料すべてを混ぜ合わせておく。ブランデーは香りが飛ばないようにコーヒーが冷めてから加える。エスプレッソがないときは、普通のコーヒー、またはインスタントコーヒーを濃く淹れる。
＊＊手づくりでも市販のものでもよい。スポンジケーキのかわりにクッキーやビスケットでもよい。

作り方

❶ スポンジケーキを7～8mmの厚さに切る。容器の底面と同じ大きさに切りそろえたものを、2枚用意する。

❷ 容器の底面に1枚のスポンジケーキを敷き詰め、コーヒーシロップをたっぷり刷毛でぬる。
⇧コーヒーシロップで苦みをきかせるのがポイント。下までじんわりしみるくらいたっぷりとぬっておく。

❸ 卵黄をボウルに入れて溶きほぐす。
⇧加熱せずに使うので、新鮮なものを用意する。これもポイントの一つ。

❹ 溶いた卵黄にマスカルポーネチーズを入れて、泡立て器で混ぜ合わせる。
⇧チーズは使う前に常温に戻して柔らかくしておくと混ぜやすい。
⇧チーズのダマがなくなって、なめらかになるまで充分に混ぜ合わせる。

❺ 別のボウルに生クリームと砂糖を入れて泡立て、④のチーズとかたさを合わせる。すくうとトローッとして泡立て器の後がスッと消えるくらい。
⇧泡立てすぎるとかたくなり、チーズと混ざりにくくなるので注意する。

❻ 生クリームに④のチーズを2～3回に分けて加えてさっくり混ぜる。
⇧ここでは泡立て器で円を描くように混ぜるだけで、泡立てないこと。泡立てるとどんどんかたくなってしまう。

❼ 全量混ぜ終えたら、かたさを見る。柔らかいようなら、好みの口当たりになるように、さらに泡立ててかたさを調節する。
⇧当日すぐに食べるならかために、1～2日後に食べるならば柔らかめにしておく。

❽ ②のスポンジケーキの上に⑦を入れて、プラスチックカードで均一の厚さにのばす。

❾ もう1枚のスポンジケーキを上に敷き詰め、コーヒーシロップをたっぷりとぬる。ラップフィルムをかけて冷蔵庫で冷やす。大きなスプーンですくい取って盛りつけ、上からココア粉をたっぷりとふる。
⇧今回は上下2枚のスポンジケーキでクリームをはさんだが、好みでスポンジケーキを3枚使ってクリームを2層にしてもよい。

dolce｜冷たいデザート

パンナコッタ

Panna Cotta パンナ コッタ

甘みをつけた生クリームをゼラチンで固めるだけ。とても簡単で人気のあるデザート「パンナコッタ」。
1人分ずつグラスや型に流して固めてもよいが、
ここでは大きい型に固めてスプーンですくって盛りつける手軽なスタイルを紹介する。
ソースはカラメルソースを用意して、上からかけたが、どんなソースでも合うだろう。フルーツなどを添えてもよい。
生クリームの味わいが肝心なので、加熱中に沸騰させて、風味を損ねないように充分注意したい。

材料　10～12人分
生クリーム…800cc
砂糖…80g
板ゼラチン＊…12g
バニラスティック…½本
カラメルソース（→ 222頁プリン）
　＊＊…適量

＊板ゼラチンは水に浸けて戻しておく。
＊＊砂糖300gと水80ccを鍋に入れて火にかけ、こげ茶色になるまで熱する。水約160ccを少しずつ加えて混ぜ、ソース状にする。

作り方

❶　バニラスティックは縦に切り目を入れて開き、中の種をこそげ取り、サヤとともに鍋に入れる。

❷　①の鍋に生クリームと砂糖を合わせて火にかける。木ベラで混ぜながら温めて、砂糖を溶かす。
⇧沸騰させると風味が飛んでしまうので、けして沸騰させてはいけない。

❸　生クリームが80℃くらいになったら火を止めて、水に浸けて戻した板ゼラチンを加えてよく混ぜ、完全に溶かす。
⇧溶け残りがないように、よく混ぜておく。

❹　バニラスティックを取り出す。中に種が残っていたら、残らずかき出しておく。

❺　バットに氷水を入れた中に型を入れ、④を流し入れる。粗熱がとれたら、冷蔵庫に入れて冷やし固める。スプーンですくって盛りつけ、カラメルソースをかける。

dolce ｜ 冷たいデザート

プリン

Crema Caramella クレマ カラメッラ

素朴な昔ながらのスタイルで提供する「プリン」。日本人にとっておなじみのデザートだ。
やや大きめの型を使えば、満足感も充分。
カラメルソースを通常より濃い目に色づけして、ほろ苦くしてアクセントをつけた。
なお、大きな型でつくって、切り分ける方法もあるが、大きいほど加熱ムラが起きて失敗しやすくなる。
小さい型で焼き上げたほうが、失敗がないだろう。

**材料　底の直径、高さとも
　　6cmのプリン型9個分**
全卵…7個
砂糖…225g
牛乳…1リットル
バニラエッセンス…少量
カラメルソース
　砂糖…300g
　水…140cc

作り方

❶ カラメルソースをつくる。鍋に砂糖と水80ccを入れて火にかける。次第にキツネ色に色づいてくる。
⇧色づき始めると一気に進むので、この間は鍋から離れないこと。

❷ この程度まで濃く色づける。多少苦みが出てくる状態だが、こがしすぎないように注意する。
⇧味のアクセントなので少し強く苦みをつける。
⇧色づけの加減は好みで。すっきりしたやさしい味が好みならば、もっと薄い色で止めてもよい。

❸ すぐに火からおろして、残りの水60ccを加えて混ぜ、温度を下げる。カラメルソースのでき上がり。
⇧煙が出てソースがはねやすいので注意する。

❹ 型の底にソースを少量ずつ流し入れる。なお、型はそのまま蒸し焼きできるように、新聞紙を敷いたバットの中に並べておく。
⇧新聞紙を敷くと、火のあたりが和らいで、スが立ちにくくなる。

❺ ボウルに卵を入れて溶きほぐす。牛乳に砂糖を加えて沸騰直前まで温めて砂糖を溶かし、卵液の中に入れて混ぜ合わせる。バニラエッセンスを加える。

❻ ⑤を裏漉し器に通して、なめらかな生地にする。

❼ 卵液の表面に泡を残したままだと、なめらかな焼き上がりにならないので、ペーパータオルで表面をなでて取り除いておく。
⇧泡がタオルに吸いつくので、うまく取り除くことができる。

❽ もしくは、ガスバーナーを利用する方法もある。バーナーの炎を当てると、泡が消える。ただし短時間で素早く行なうこと。

❾ 用意しておいた④の型に卵液を流し入れる。このときも泡が立ちやすいので、ゆっくりと静かに注ぐ。泡ができてしまったら、再度取り除く。

❿ バットに並べた型が半分程度かぶるくらいの水を注ぎ入れる。約130℃のオーブンに入れて、約40分間焼き、型ごと冷ます。型から抜いて盛りつける。
⇧湯煎状態にして加熱すると、熱が柔らかく伝わり、蒸し焼き状態になる。

dolce | 冷たいデザート

手づくりリコッタチーズ

Ricotta Casalinga　リコッタ カサリンガ

リコッタチーズは、素朴な口当たりとさっぱりした味わいが特徴のチーズだ。
市販品もあるが、実は牛乳で簡単に手づくりできる。フレッシュなでき立ての味を楽しめるので、ぜひおすすめしたい。
リコッタチーズに手を加えてもよいが、ここではほんのり甘く煮たトマトのジャムを添えて、
シンプルだけど目先の変わったデザートに仕立てた。ハチミツをかけるだけでも、充分満足できる一品となる。
リコッタチーズはデザートだけではなく、サラダに散らしたり、ラビオリの詰め物にできる。
トマト系のパスタソースに加えてもよい。またそのまま焼いて食べてもおいしい。

材料　約250g・4人分
牛乳＊…1リットル
レモン汁＊＊…½個分
塩…1つまみ
トマトのジャム
　トマト…小2個
　水…50cc
　砂糖…約30g
　ミントまたはバジリコの葉
　　…適量

＊牛乳は脂肪分が高いほうがおいしくできる。今回は乳脂肪分4.0%を使用。もしくは牛乳の1/10程度の生クリームを加えると、さらに風味がよくなる。
＊＊牛乳に対する割合がむずかしい。レモン汁が多いほうが固まりやすいが、酸味が残ってしまう。一方少ないと味はよいものの固まりにくい。上記配合を基準として、好みで調節を。

作り方

❶ 鍋に牛乳を入れて塩を加え、レモン汁を搾り入れる。
⇧レモン汁の分量は、好みで少し加減する。

❷ 木ベラで①の牛乳をよく混ぜてから火にかける。
⇧混ぜるときは木ベラを使う。アルミ鍋の場合、泡立て器などのような金属製のものを使うと、黒ずみが出てくることがある。

❸ 中火にかけて、ときおり混ぜながら加熱する。しばらくすると、鍋のすぐ内側から牛乳の水分が分離して蒸発する。

❹ ③くらいに牛乳が温まったら、沸騰させないように火を弱め、加熱を続ける。徐々に牛乳全体が白いモロモロとしたかたまりと水分に分かれる。
⇧牛乳は沸騰させないで静かに加熱する。ここで沸騰させてしまうと、チーズがかたく締まり、口当たりが悪くなるので要注意。

❺ 水分が完全に透き通ってきたら火からおろし、浮いている白いかたまりを穴杓子ですくって、ザルに入れて水気をきる。

❻ このまま10〜15分間おいて、自然に水気をきって室温で冷ます。

❼ でき上がったリコッタチーズ。そのまま食べる場合はあまり冷やさないほうがいいが、保存する場合は冷蔵庫で。
⇧牛乳の風味が飛んでしまうので、その日のうちに使い切る。残ったらいろいろなメニューに活用を。

❽ トマトのジャムをつくる。完熟トマトの皮を湯むきして種を取り除き、細かく刻む。鍋に入れて砂糖と水を加えて煮る。
⇧砂糖の分量はトマトの味に合わせて調節すること。

❾ 濃度がついてきたら火を止め、ミント（またはバジリコ）をちぎって加えて混ぜる。冷蔵庫で冷やしておく。リコッタチーズを切り分けて、ジャムを添える。

[バリエーション]
ハチミツ

ジャムのかわりにハチミツをかけるだけで、手軽なデザートに。

ミルクレープ

Mille Crespelle　ミル クレスペッレ

粉に卵、牛乳を混ぜ合わせた生地を、ごく薄く焼き上げたクレープ。
間にカスタードクリームを薄くぬって重ね、シンプルにハチミツをかけてみた。
切り口の層の美しさとやさしい味わいは、女性に人気が高い。
クレープはできるだけ薄く焼くのが原則。冷蔵庫で冷やして、きれいに切り分けて提供する。
なお、カスタードクリームにフルーツのピュレを混ぜ込むと一味違ったミルクレープができる。

材料
薄力粉…150g
全卵…3個
砂糖…70g
牛乳…500cc
無塩バター…30g
サラダ油…適量
カスタードクリーム（→40頁）
　…適量
ハチミツ…適量

作り方

❶ ボウルに卵を入れてよく溶きほぐし、砂糖、薄力粉を加え混ぜる。さらに牛乳を加えて、なめらかになるまで混ぜ合わせる。

❷ 別鍋にバターを入れて弱火にかけ、少し色づく程度まで加熱して、①の生地に混ぜる。この状態で冷蔵庫に入れて2〜3時間ねかせる。
⇧バターはピシピシと音がするくらいまで熱して、きちんと香りを立てる。
⇧ねかせることで生地ののびがよくなり、食べたときの口当たりがよくなる。

❸ 油がなじんだフライパンを温めて、布でサラダ油を薄くぬる。②の生地を少量流し入れて、すぐにフライパンを回して薄くのばし、弱火にかける。
⇧できるだけ薄くなるように、分量を調節すること。

❹ 次第に生地の周囲が乾いて浮いてくる。竹串を差し入れてクレープの端を持ち上げる。

❺ そのままクレープを手で持って、素早く裏返す。

❻ 裏面は乾かす程度に数秒間。

❼ コンロの近くに網を用意し、焼き上げたクレープを取り出して広げて冷ます。これを繰り返して、生地をすべて焼き上げる。直径16cmの円形ならば40枚分くらい焼ける。

❽ 慣れてきたらフライパンを3つ使って、同時並行で焼いていく。
⇧最初のフライパンの温まり具合に注意して、生地を流す→広げる→裏返すといった工程を流れるようなリズムですすめる。タイミングを覚えて慣れることが肝心。

❾ クレープにカスタードクリームを薄くぬって、1枚ずつ重ねていく。
⇧あとから取りやすいように、皿にラップフィルムを敷いておくとよい。

❿ カスタードクリームを均等に薄くぬらないと、ミルクレープの仕上がりの高さが均一にならないので注意する。冷蔵庫でしばらく冷やしておちつかせたのち、切り分けて盛りつけ、ハチミツをかける。

イチゴのタルト
Torta di Fragole　トルタ ディ フラゴーレ

フレッシュのイチゴをたっぷり使った春らしいタルト。中にはカスタードクリームを詰めている。
カスタードクリームは相手を選ばないので、その時々で手に入るフルーツを合わせれば、
季節ごとに実にいろいろなバリエーションを出すことができる。

材料　直径22cmのタルト型　1台分

タルト生地（→42頁）＊…275g

カスタードクリーム(つくりやすい分量)

　卵黄…3個分
　砂糖…100〜125g
　薄力粉…20g
　牛乳…500cc
　バニラスティック＊＊…1本

イチゴ…30〜40粒

仕上げ用ジャム

　イチゴジャム…100g
　シロップ…100g
　レモン汁…¼個分
　イチゴのリキュール＊＊＊
　　…約30cc

＊タルト生地をのばして型に敷き込んで焼いたものを用意する（→42頁）。
＊＊バニラスティックに切り目を入れてから牛乳に加え、一度沸騰させておく。バニラスティックを取り出し、牛乳を冷まして使う。バニラエッセンス少量で代用してもよい。
＊＊＊ブランデーやラム酒など好みのものでよい。

作り方

❶ カスタードクリームをつくる。鍋に砂糖と卵黄を入れてゴムベラで混ぜ合わせる。
⇧鍋は銅製、あるいはホーロー製、ステンレス製を使う。アルミは泡立て器を当てると黒ずむため、クリームに色がついてしまう。

❷ 薄力粉を加えて、軽く混ぜ合わせる。
⇧薄力粉を加えてからは軽く混ぜる。混ぜすぎて粉の粘りが出てしまうと、口溶けの悪いクリームになる。

❸ 冷たい牛乳（バニラ風味）を50ccほど加えて、なめらかに混ぜ合わせる。

❹ 火にかけて、鍋底をこするように絶えず混ぜながらなめらかに加熱する。

❺ 再度火からおろして、さらに牛乳を少量加える。混ぜながら再度火にかけて加熱する。これを繰り返して、牛乳をすべて加える。途中で泡立て器に替える。
⇧状態によって火からおろしたり、かけたりして調節する。
⇧弱火で充分にかき混ぜながら加熱する。

❻ 全体がなめらかになり、一度プツプツと煮立ったらでき上がり。火からおろしてバニラエッセンスを加えて香りづけをする。バットにあけて冷ましておく。

❼ 焼き上げておいたタルト生地に、冷ましたカスタードクリームを詰める。

❽ 仕上げ用ジャムの材料（リキュール以外）をすべて鍋に入れて火にかけ、混ぜ合わせる。とろみがついてきたら火からおろしてリキュールを加える。

❾ ⑧のジャムが完全に冷めたら、ヘタをとったイチゴを入れる。まんべんなく表面につける。
⇧竹串を使うと作業しやすい。

❿ カスタードクリームの上に⑨のイチゴを隙間なくぎっしり並べる。

リンゴのタルト

Torta di Mele　トルタ ディ メーレ

秋のフルーツ、リンゴをふんだんに使ったシンプルなタルト。
リンゴはあらかじめ煮ておく必要はなく、フレッシュのまま使う。
また浅いパイ皿を使うので、短時間で焼き上がるという、スピーディにできるレシピ。
なお今回は中にアーモンドクリームを詰めたが、これを入れずにリンゴだけを並べると、さっぱりしたタルトになる。
リンゴは酸味のある紅玉が向いている。それ以外の品種なら、切ってからレモン汁をまぶして酸味を補うとよい。

材料　直径 23cm のパイ皿 1台分
タルト生地（→ 42 頁）…275g
アーモンドクリーム
　アーモンド粉…40g
　無塩バター…40g
　砂糖…40g
　全卵…½個
リンゴ（紅玉）…1.5 個
砂糖…適量
アプリコットジャム、
　ラム酒などの洋酒類…各適量

作り方

❶ タルト生地を薄くのばし、浅いタイプのパイ皿に敷き込む。
⇧焼き上がったタルトを取り出しやすいように、パイ皿をアルミホイルでおおっておくとよい。

❷ アーモンドクリームをつくる。ボウルにバターと砂糖、アーモンド粉を入れて混ぜ合わせる。

❸ ②に卵を加えて、なめらかなクリーム状になるまで混ぜ合わせる。
⇧なめらかになればよいので、材料を一度にフードプロセッサーに入れて攪拌すると時間短縮できる。

❹ ①のパイ生地の上に、均一の厚さになるようにアーモンドクリームをぬる。

❺ リンゴは丸ごと皮をむいて、2つ割りにして芯を取り除く。端から2mm程度の薄切りにする。

❻ リンゴの水気をきって、④のアーモンドクリームの上に並べる。円の外側から中心に向かって、花のような状態に並べていく。

❼ 中心まできっちりときれいに詰めること。
⇧隙間なくきっちりと詰める。

❽ リンゴの上から全体にまんべんなく砂糖をふりかける。
⇧茶色いおいしそうな焼き色がつきやすくなる。

❾ ⑧を180℃のオーブンに入れて、きれいな焼き色がつくまで焼く。
※生地がカリッとするまで、しっかりと焼き上げる。

❿ 熱いうちに、好みの洋酒でのばしたアプリコットジャムを刷毛で薄くぬる。そのまま冷まし、型からはずす。
⇧くずれやすいので、完全に冷めてからはずすこと。

バナナのタルト

Torta di Banana　トルタ ディ バナナ

焼き上げた生地にバナナをたっぷりと詰め込んだタルト。高さがあり、ボリュームがあるのが特徴だ。
まずタルト生地にチョコレートをぬってから、バナナとラム酒入りのカスタードクリームを詰め、
上にシャンティクリームをのせるという構成。バナナと相性のよいものでまとめた。
バナナは季節を問わず手に入るフルーツの一つ。しかも安価なので原価が抑えられるのも魅力。
大きめに切ってたっぷり使い、ボリュームで満足感を与えることができる。

材料　直径22cmのタルト型1台分
タルト生地（→42頁）…275g
チョコレート…100g
バナナ…約10本
カスタードクリーム（→40頁）…100g
ラム酒…大さじ1
生クリーム…300cc　砂糖…30g

作り方

❶　湯煎でチョコレートを溶かし、焼き上げたタルト生地の内側にぬる。しばらくおいて、チョコレートを固める。
⇧チョコレートは細かく刻んでおくと溶かしやすい。

❷　フードプロセッサーにカスタードクリームとバナナ½本、ラム酒を入れて、なめらかになるまで攪拌する。
⇧バナナはナイフで粗くつぶし、カスタードクリームとラム酒を混ぜ合わせ、バナナの粒感を残してもよい。
⇧ラム酒の分量は好みで調節すること。

❸　①のタルト生地の中に②を流し入れる。クリームがおちつくまで、しばらく冷蔵庫に入れて冷やす。

❹　バナナの皮をむいて、5～6cm長さに切りそろえ、クリームの上に立てて詰めていく。全部敷き詰めたら、高さがそろっていない部分をナイフで切りそろえる。
⇧バナナは隙間があかないように、たっぷりきっちりと詰める。

❺　生クリームに砂糖を加えてかたく泡立て、バナナ全体をおおうようにぬる。バナナの隙間を埋めるように、きっちりとたっぷり詰めていく。最後は表面をきれいにならす。冷蔵庫に入れておちつかせてから切り分ける。
⇧そのままでは切りにくいので、冷蔵庫でしっかり冷やしておく。

dolce | タルト

プラムのタルト

Torta di Prugna　トルタ ディ プルーニャ

タルトは中に詰めるクリームやフルーツなどを変えれば、バリエーションが出せる便利なお菓子。
またタルト生地は冷凍保存が可能。まとめて仕込んでおくと重宝する。
ここではもっともベーシックなアーモンドクリームを詰めたプラムのタルトを紹介する。

材料　直径22cmのタルト型1台分

タルト生地（→42頁）…275g
アーモンドクリーム＊
　全卵…4個
　砂糖…100g
　生クリーム…150cc
　アーモンド粉…100g
プラムの赤ワイン煮（→196頁）
　＊＊…17〜18粒

＊この分量は1台分としては、やや多めになっている。残った部分は、別に小さいタルト型で焼き上げるとよい。
＊＊プラムのかわりにリンゴやブドウ、イチジクなどの赤ワイン煮でつくることができる。

作り方

❶　タルト生地を均一に薄くのばして、型の内側に敷き込む。余分な生地を切り取り、底面をフォークでつついて空気穴をあけておく。180℃のオーブンに入れて、薄く色づくまで空焼きする。

❷　アーモンドクリームをつくる。ボウルに卵を入れて泡立て器で溶きほぐし、砂糖を加えて混ぜ合わせる。さらに生クリーム、アーモンド粉を順次加えて全体をなめらかに混ぜ合わせる。

❸　準備した①の型の中に、②のアーモンドクリームを流し入れる。このあとプラムを入れるので、縁までいっぱいになる一歩手前まで詰める。

❹　オーブンの網の上にのせてから、均等にプラムを並べる。180℃のオーブンで、表面に均等に焼き色がつくまで約30分間焼く。

⇧プラムを入れ終えるとクリームが型の縁までいっぱいになるので、移動するときにあふれるおそれがある。
⇧まずはプラムを十文字の位置に並べ、その間に均等に並べていくとよい。

dolce | タルト

レモンのタルト
Torta di Limone　トルタ ディ リモーネ

タルトのバリエーションの一つ。まずタルト生地を先に焼き上げてからクリームを流し入れるタイプ。
酸味のきいたレモンクリームをたっぷり詰めたレモンのタルト。
レモンクリームには粉類を加えず、卵の力だけでとろみをつける。その分卵の分量がかなり多いので、
加熱のさい卵が固まってダマになったり、分離するといった失敗がおきやすい。
充分に卵を溶いて少しずつ加えること、泡立て器で終始かき混ぜ続けることなど、卵の変化に注意する。

材料　直径22cmのタルト型1台分
タルト生地（→42頁）…275g
レモンクリーム
　レモン汁…小3個分（約100cc）
　砂糖…150g
　無塩バター（さいの目切り）…100g
　全卵…3個
生クリーム…200cc
砂糖…20g

作り方

❶ タルト生地を麺棒でのばして、型にきっちり敷き込む。型のすみずみまできっちりと入れ込んでから周囲の余分な生地を切り取る。底をフォークでつついて空気穴をあけておく。
⇧空気穴をあけないと、焼き上がりのタルトの底が持ち上がってしまう。

❷ タルト生地を180℃のオーブンで約20分間焼いて取り出す。

❸ レモンクリームをつくる。鍋にレモン汁を搾り入れ、砂糖を加える。弱火にかけて砂糖を溶かす。
⇧鍋は銅またはステンレス、ホーロー製を使用。アルミ製だとクリームが黒ずんでしまう。

❹ 砂糖が完全に溶けたら小角切りにしたバターを加える。

❺ そのままゆっくりバターを溶かす。
⇧水分が蒸発すると、あとで卵が混ざりにくくなるので、この時点から火加減に注意する。強火で沸騰させないこと。

❻ ボウルに卵を割り入れ、泡立て器で充分に溶きほぐす。

❼ ❺のバターが完全に溶けて沸騰したら、火をごく弱火にして、溶きほぐした卵を少しずつ加える。卵が固まらないように泡立て器で絶えずかき混ぜる。
⇧ダマが心配ならば、目の粗いシノワを使って卵を入れる。

❽ 卵を全量入れてからも、ずっとかき混ぜる。とくに鍋底や鍋肌がムラになってこげつきやすいので入念に。次第に表面の泡が消えて、全体に濃度がついてくる。

❾ 全体にとろみがついて、鍋底からプツプツと沸いてきたらレモンクリームのでき上がり。

❿ 熱いうちにレモンクリームを❷のタルト生地に流し入れる。
⇧冷めるとダマになりやすい。

⓫ ゴムベラで表面を平らにならす。粗熱がとれたら冷蔵庫で冷やし固める。完全に固まったら、砂糖を加えて柔らかめに泡立てた生クリームを表面にぬって仕上げる。

dolce｜タルト

タルト・ピノラータ
Torta alla Pinolata トルタ アッラ ピノラータ

タルトは季節ごとに中に詰めるものを変えられるので、季節ごとに何種類かずつ用意しておくと重宝。
数多くのタルトの中でも、ピノラータはアーモンドクリームの中にクルミや松の実などのナッツ類や
レーズンなどのドライフルーツをたっぷり混ぜ込み、上にローズマリーの葉を散らして焼いたスペシャルなタルト。
見た目は素朴だが、ローズマリー特有の香りが個性的で、リッチな味わいが魅力。
ローズマリーはこげやすいので、焼き上げる途中で散らすとよい。
またしばらくねかせてから焼くときれいに焼き上がる。

材料　直径22cmのタルト型1台分
タルト生地（→42頁）…275g
アーモンドクリーム
　無塩バター…80g
　砂糖…80g
　アーモンド粉…80g
　全卵…1個
　ラム酒…5cc
松の実、クルミ、レーズン
　…各カップ½
ローズマリー（フレッシュ）…適量

作り方

❶ タルト生地を薄くのばして型に敷き込む。側面をぴったりと押さえ、底面はところどころ、フォークで穴をあけておく。
⇧穴をあけないと、タルトの底が持ち上がって焼けてしまう。

❷ アーモンドクリームをつくる。ボウルにバターを入れて、泡立て器でクリーム状になるまで混ぜる。砂糖を加えて全体が白っぽくなるまですり混ぜる。

❸ アーモンド粉を加える。

❹ ゴムベラでまんべんなく混ぜ合わせ、さらにラム酒を加え混ぜる。

❺ 卵をほぐしてから数回に分けて加え、なめらかになるまで混ぜ合わせる。

❻ ⑤のアーモンドクリームに松の実とクルミ、レーズンを加えて、全体にまんべんなくいきわたるように混ぜ合わせる。

❼ 型に敷いた生地に⑥を入れて、ヘラですみずみまでのばす。

❽ 隙間がないように注意し、表面を平らにする。このまま冷蔵庫で30～40分間ねかせてクリームをおちつかせる。
⇧すぐに焼くと、部分的にふくらみ、表面に凹凸ができやすい。

❾ 180℃のオーブンに入れて、まず15分間焼く。表面にうっすら焼き色がついたところで、ローズマリーの葉をところどころに散らす。少し温度を下げたオーブンで約10分間焼く。
⇧ローズマリーはこげやすいので、途中でのせる。

❿ 焼き上がり。一晩おいて、翌日からがおいしい。

リゾットのタルト

Torta di Risotto　トルタ ディ リゾット

米を牛乳で柔らかく煮てから卵黄を加え混ぜ、タルト生地に流し込んで焼き上げる。
ほんのりと甘く、ボリュームのある食べ応えのあるタルトだ。
日本ではあまりなじみがないが、イタリアでは米に甘い味をつけて菓子類にすることは珍しくない。
米とは思えないほど意外な味わいだ。
話題づくりの一つにもなるので、ぜひ一度試してみてほしい。

材料　直径22cmのタルト型1台分
タルト生地（→42頁）…275g
フィリング＊
　米…150g
　牛乳…500cc
　バニラエッセンス＊＊…少量
　砂糖…100g
　卵黄…2個分
　無塩バター…20g
　ラム酒…20cc

＊好みでレモンの皮をすりおろして加える。
＊＊バニラスティックを使う場合は、切り目を入れてから分量の牛乳に加え、一度沸騰させておく。冷ましてバニラスティックを取り出してから使う。

作り方

❶ フィリングをつくる。鍋に湯を適量沸かし、米を洗わずに加え、再度沸騰してから5～6分間ゆでる。ときおりかき混ぜること。

⇧米を洗って使うと、調理中に割れやすくなり、香りも飛んでしまう。

❷ 米をザルに上げて、水気をきり、別鍋に入れる。

⇧下ゆでの段階なので、米が完全に柔らかくなるまでゆでる必要はない。

❸ ②の米に牛乳と砂糖を加える。砂糖の分量は目安なので、好みで調節するとよい。

❹ 沸騰するまで強火、あとは弱火で米が柔らかくなるまで煮る。火が強いとふきこぼれるので注意。

⇧表面が軽く煮立つくらい（写真）の状態を保てるくらいの火加減で。

❺ 次第に米が柔らかくなって、鍋底にこげつきやすくなるので、ときおりかき混ぜる。

⇧かき混ぜすぎると米粒がくずれ、粘り気が出てしまうので注意。

❻ 米粒が牛乳の表面から見えるようになったら、米が柔らかくなったのを確認して火を止め、卵黄を加える。

⇧煮立った状態で入れると、一瞬で卵が凝固し、なめらかに混ざらなくなる。卵黄を入れるときは必ず火を止めること。

❼ ゴムベラで手早く混ぜ込む。さらにバター、ラム酒、バニラエッセンスを加えて混ぜて冷ます。フィリング完成。

⇧レモンの皮を加えるときはここで。

❽ タルト生地を敷いた型の中に⑦のフィリングを流し入れる。160～180℃のオーブンに入れて焼き上げる。

⇧下焼きしたタルト生地にフィリングを詰める場合は、熱いままでよい。

❾ 表面にまんべんなくきれいな焼き色がつくまで、約40分間焼く。

⇧下焼きしたタルト生地に熱いフィリングを詰めた場合は、高温のオーブンで表面に焼き色をつけるのみでよい。

dolce | タルト

241

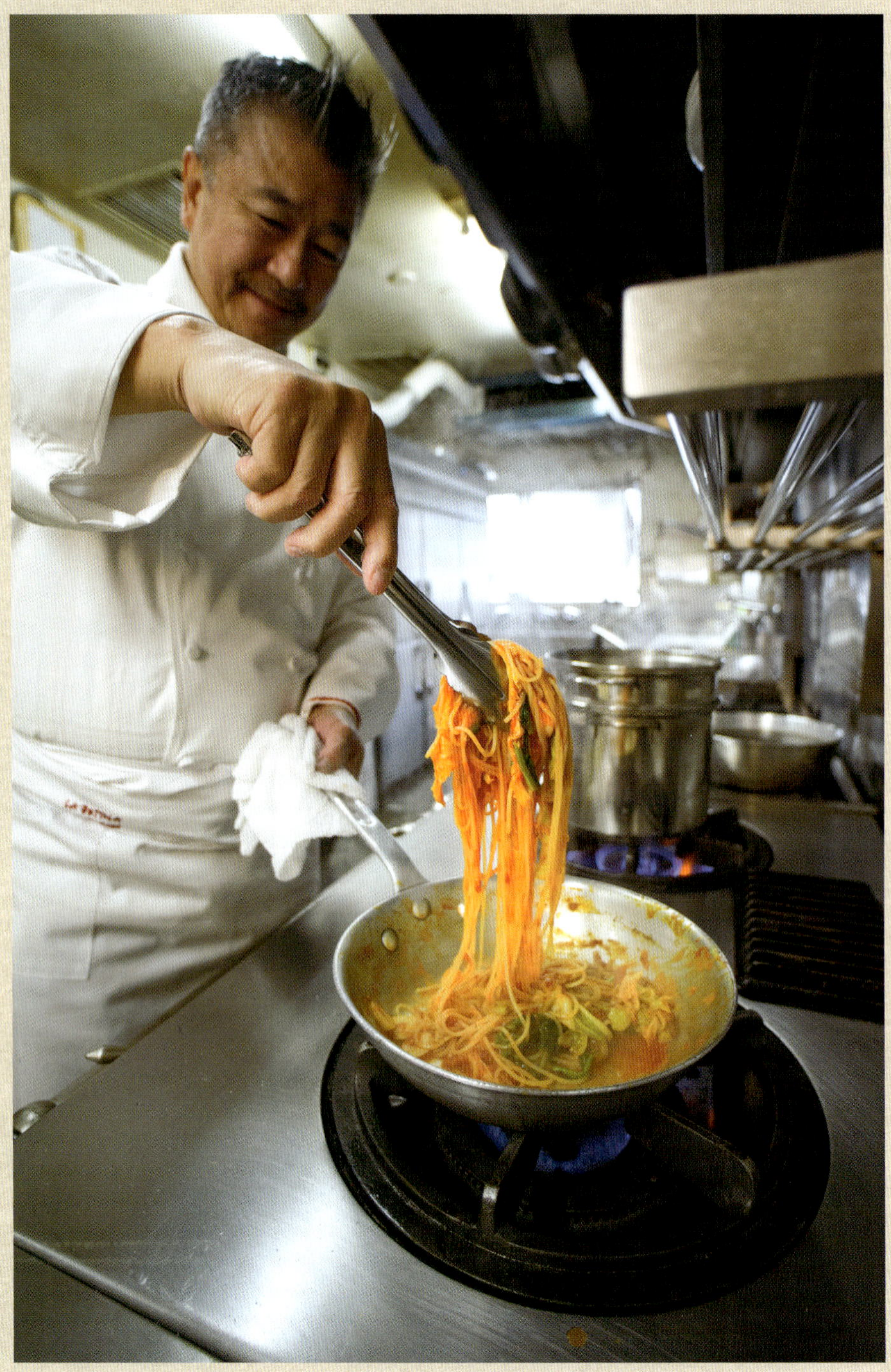

落合　務 (おちあい・つとむ)

東京都出身。17歳の時にフランス料理を志し、東京・紀尾井町のホテルニューオータニへ入社し、料理の修業を始める。その後フランス旅行の帰路イタリアで料理に魅せられ転身。1978年に本格的にイタリアに渡り、約3年間料理修業を積んで帰国する。

1982年、東京・赤坂「グラナータ」の総料理長に就任し、日本におけるイタリア料理の先駆者として活躍する。

1997年に独立し「LA BETTOLA da Ochiai」を開店。当時ディナーの3800円（税抜）というプリフィクスコースが人気を博し「日本で一番予約困難な店」として社会現象になるほど有名になった。その後多店化し、現在は銀座、池袋、名古屋、富山に全6店舗を経営する。

2005年、イタリアのカルロ・アツェッリョ・チャンピ大統領より「イタリア連帯の星」勲章、カヴァリエーレ章を受章。2009年、日本イタリア料理協会会長に就任し、わが国におけるイタリア料理のさらなる普及発展に力を入れる。2013年、厚生労働大臣より「現代の名工」を受賞する。

LA BETTOLA da Ochiai
東京都中央区銀座 1-21-2
電話 03-3567-5656

Dolce LA BETTOLA
東京都中央区銀座 2-14-20
電話 03-3543-5657

LA BETTOLA NAGOYA
愛知県名古屋市千種区高見 2-9-17
電話 052-759-5030

LA BETTOLA ikebukuro
東京都豊島区南池袋 1-28-1
西武百貨店池袋本店 8 階
電話 03-5944-8181

定番料理をもっとみがこう
イタリア料理の基本講座

Cucina Italiana LA BETTOLA da Ochiai

初版発行　　2015 年 6 月 15 日
8 版発行　　2025 年 4 月 10 日

著者ⓒ　落合　務（おちあい・つとむ）
発行者　丸山兼一
発行所　株式会社柴田書店
　　　　〒 113-8477
　　　　東京都文京区湯島 3 - 26 - 9 イヤサカビル
　　　　電話　営業部　　03 - 5816 - 8282（注文・問合せ）
　　　　　　　書籍編集部 03 - 5816 - 8260
　　　　https://www.shibatashoten.co.jp

印刷・製本　TOPPANクロレ株式会社

本書収載内容の無断掲載・複写（コピー）・データ配信等の行為はかたく禁じます。
乱丁・落丁本はお取替えいたします。
ISBN 978-4-388-06208-9
Printed in Japan

＊本書は小社発行の単行本『イタリア料理のおいしい約束』（2000 年 6 月発行）、
　ＭＯＯＫ『料理百科』第 37 号（1999 年 12 月発行）から第 48 号（2000 年 12 月発行）に
　掲載された内容を再編集したものである。